Били

слушаем, ч
понима

CW00502145

Оскар Уайльд

Кентервильское привидение
Преступление лорда Артура Сэвиля

Oscar Wilde

The Canterville Ghost
Lord Arthur Savile's Crime

эксмо
МОСКВА
2014

УДК 811.111
ББК 81.2Англ
У 12

Перевод с английского *М. Ликиардопуло*
Составление словаря, упражнений и комментариев *М. Поповец*
Иллюстрации *Н. Корчагиной*
Дизайн обложки *Ю. Щербакова*
Иллюстрация на обложке *В. Остапенко*

Уайльд О.

У 12 Кентервильское привидение. Преступление лорда Артура Сэвиля [парал. текст на англ. и рус. яз. : учебное пособие] / Оскар Уайльд ; [пер. с англ. М. Ликиардопуло ; словарь, упражнения, комментарии М. Поповец; ил. Н. Корчагиной]. — М. : Эксмо, 2014. — 208 с. + CD. — (Билингва. Слушаем, читаем, понимаем).

ISBN 978-5-699-55741-7

В этом комплекте из книги и аудиодиска читателям предлагаются неадаптированные тексты великолепных юмористических повестей Оскара Уайльда. Произведения Оскара Уайльда — это неповторимый стиль, уникальное чувство юмора, мастерское владение словом, тонкие наблюдения, оригинальные сюжеты. Сравнивая оригинальные тексты с русскими переводами, читатели научатся лучше понимать и передавать «непереводимую» игру слов и тонкие каламбуры. Тексты можно также прослушать на диске в исполнении англоязычного и русского дикторов. Для углубления знаний английского и облегчения понимания текста предлагаются упражнения и словарь.

Книга будет интересна и полезна старшим школьникам, абитуриентам, студентам, преподавателям, а также всем, кто изучает английский язык самостоятельно.

УДК 811.111
ББК 81.2Англ

ISBN 978-5-699-55741-7

Contents

The Canterville Ghost

Кентервильское привидение

Chapter I

When Mr. Hiram B. Otis, the American Minister, bought Canterville Chase, every one told him he was doing a very foolish thing, as there was no doubt at all that the place was haunted.

Indeed, Lord Canterville himself, who was a man of the most punctilious honour, had felt it his duty to mention the fact to Mr. Otis when they came to discuss terms.

'We have not cared to live in the place ourselves,' said Lord Canterville, 'since my grand-aunt, the Dowager[1] Duchess of Bolton, was frightened into a fit, from which she never really recovered, by two skeleton hands being placed on her shoulders as she was dressing for dinner, and I feel bound to tell you, Mr. Otis, that the ghost has been seen by several living members of my family, as well as by the rector of the parish, the Rev.[2] Augustus Dampier, who is a Fellow of King's College, Cambridge. After the unfortunate accident to the Duchess, none of our younger servants would stay with us, and Lady Canterville often got very

Глава I

Мистер Хирам Б. Отис, американский посол, покупал Кентервильский замок. Все уверяли его, что он делает большую глупость, так как не было никакого сомнения, что в замке водятся духи.

Даже сам лорд Кентервиль, человек честный до щепетильности, счел своим долгом предупредить об этом мистера Отиса, когда они стали сговариваться об условиях продажи.

— Мы предпочитали не жить в этом замке, — сказал лорд Кентервиль, — с тех пор, как моя двоюродная бабка, вдовствующая герцогиня Болтон, была напугана до нервного припадка двумя руками скелета, опустившимися к ней на плечи, когда она переодевалась к обеду. Она так и не излечилась впоследствии. И я считаю себя обязанным уведомить вас, мистер Отис, что привидение это являлось многим ныне здравствующим членам моего семейства. Его видел и наш приходской пастор, преподобный Огастес Дампир, кандидат Королевского колледжа в Кембридже. После злополучного приключения с герцогиней никто из младшей прислуги не захотел оставаться у нас, а леди Кентервиль часто не удавалось уснуть по ночам

little sleep at night, in consequence of the mysterious noises that came from the corridor and the library.'

'My Lord,' answered the Minister, 'I will take the furniture and the ghost at a valuation. I come from a modern country, where we have everything that money can buy; and with all our spry young fellows painting the Old World red, and carrying off your best actors and prima-donnas, I reckon that if there were such a thing as a ghost in Europe, we'd have it at home in a very short time in one of our public museums, or on the road as a show.'

'I fear that the ghost exists,' said Lord Canterville, smiling, 'though it may have resisted the overtures of your enterprising impresarios. It has been well known for three centuries, since 1584 in fact, and always makes its appearance before the death of any member of our family.'

'Well, so does the family doctor for that matter, Lord Canterville. But there is no such thing, sir, as a ghost, and I guess the laws of Nature are not going to be suspended for the British aristocracy.'

'You are certainly very natural in America,' answered Lord Canterville, who did not quite understand Mr. Otis's last observation, 'and if you don't mind a ghost in the house, it is all right. Only you must remember I warned you.'

A few weeks after this, the purchase was concluded, and at the close of the season[3] the Minister and his family went down to Canterville Chase. Mrs. Otis, who, as Miss Lucretia R. Tappen, of West 53rd Street, had been a celebrated New York belle, was now a very handsome, middle-aged woman, with fine eyes, and a superb profile. Many American ladies on leaving their native land adopt an appearance of chronic ill-health, under the impression that it is a form of European refinement, but Mrs. Otis had never fallen into this error. She had a magnificent constitution, and a really wonderful amount of animal spirits. Indeed, in many respects, she was quite English, and was an

из-за таинственных шорохов, доносившихся из коридора и библиотеки.

— Милорд, — ответил посол, — я куплю у вас и мебель и привидение. Я родом из передовой страны; там есть все, что можно купить за деньги. Да и наша шустрая молодежь ставит ваш Старый Свет вверх ногами и увозит ваших лучших актрис и примадонн. Так что я уверен: будь в Европе хоть одно привидение, его бы давным-давно показывали у нас в публичном музее или возили по городам как диковинку.

— Боюсь, это привидение существует, — сказал, улыбаясь, лорд Кентервиль, — хотя оно, быть может, и отклонило заманчивые предложения ваших предприимчивых импресарио. Оно хорошо известно вот уже триста лет — точнее сказать, с 1584 года, и всегда появляется незадолго до смерти кого-нибудь из нашей семьи.

— Ну, ведь и домашний врач тоже появляется незадолго до смерти, лорд Кентервиль. Нет, сэр, привидений не существует, и смею думать, что законы природы неизменны — даже для английской аристократии.

— Да, вы очень просто смотрите на вещи в Америке, — отозвался лорд Кентервиль, не совсем понявший последнее замечание мистера Отиса, — и если вы ничего не имеете против привидения, то все улажено. Но только не забудьте — я вас предупреждал.

Через несколько недель была подписана купчая, и к концу сезона посол и его семья переехали в Кентервильский замок. Миссис Отис, еще будучи мисс Лукрецией Р. Тэппен, с 53-й Западной улицы, была известной нью-йоркской красавицей, теперь же это просто была красивая дама средних лет, с чудесными глазами и великолепным профилем. Многие американки, покидая свою родину, принимают хронически болезненный вид, думая, что это признак высшей европейской утонченности, но миссис Отис не совершила подобной ошибки. У нее было великолепное телосложение, и она обладала просто сказочным избытком жизненных сил. Даже во

excellent example of the fact that we have really everything in common with America nowadays, except, of course, language. Her eldest son, christened Washington by his parents in a moment of patriotism, which he never ceased to regret, was a fair-haired, rather good-looking young man, who had qualified himself for American diplomacy by leading the German at the Newport Casino for three successive seasons, and even in London was well known as an excellent dancer. Gardenias and the peerage were his only weaknesses. Otherwise he was extremely sensible. Miss Virginia E. Otis was a little girl of fifteen, lithe and lovely as a fawn, and with a fine freedom in her large blue eyes. She was a wonderful amazon, and had once raced old Lord Bilton on her pony twice round the park, winning by a length and a half, just in front of the Achilles statue[4], to the huge delight of the young Duke of Cheshire, who proposed for her on the spot, and was sent back to Eton[5] that very night by his guardians, in floods of tears. After Virginia came the twins, who were usually called The Stars and Stripes[6], as they were always getting swished. They were delightful boys, and with the exception of the worthy Minister the only true republicans of the family.

As Canterville Chase is seven miles from Ascot[7], the nearest railway station, Mr. Otis had telegraphed for a waggonette to meet them, and they started on their drive in high spirits.

It was a lovely July evening, and the air was delicate with the scent of the pinewoods. Now and then they heard a wood pigeon brooding over its own sweet voice, or saw, deep in the rustling fern, the burnished breast of the pheasant. Little squirrels peered at them from the beech-trees as they went by, and the rabbits scudded away through the brushwood and over the mossy knolls, with their white tails in the air. As they entered the avenue of Canterville Chase, however, the sky became suddenly overcast with clouds, a curious stillness seemed to hold the atmosphere, a

многих отношениях она была прямо англичанкой и являлась прекрасным подтверждением того, что у нас теперь почти все с Америкой общее, кроме, конечно, языка. Старший сын ее, которого родители, под влиянием минутной вспышки патриотизма, окрестили Вашингтоном, о чем он никогда не переставал сожалеть, — был довольно красивый юный блондин, проявивший все данные будущего американского дипломата, так как в течение трех сезонов подряд дирижировал немецкой кадрилью в ньюпортском казино и даже в Лондоне прослыл прекрасным танцором. Его единственными слабостями были гардении и гербовник. Во всем остальном это был человек чрезвычайно здравомыслящий. Мисс Виргиния Е. Отис была девочка пятнадцати лет, стройная и грациозная, как лань, с большими, ясными, голубыми глазами. Она была прекрасной наездницей и как-то раз заставила старого лорда Билтона проскакать с нею дважды вокруг Гайд-парка и на полтора корпуса обогнала его на своем пони у самой статуи Ахиллеса; этим она привела в такой восторг молодого герцога Чеширского, что он тут же сделал ей предложение и в тот же вечер, весь в слезах, был отправлен своими опекунами обратно в Итонскую школу. После Виргинии шли близнецы, которых обыкновенно дразнили «Звездами и Полосами», так как их часто пороли. Они были прелестные мальчики и, за исключением почтенного посла, единственные республиканцы во всем доме.

Так как Кентервильский замок отстоит на семь миль от Аскота, ближайшей железнодорожной станции, то мистер Отис заблаговременно телеграфировал, чтобы им выслали навстречу экипаж, и все отправились в путь в отличном расположении духа.

Был прекрасный июльский вечер, и воздух пропитался теплым ароматом соснового леса. Изредка слышалось нежное воркование лесной горлицы, наслаждающейся собственным голосом, или показывалась в гуще шелестящих папоротников пестрая грудь фазана. Крошечные белки посматривали на них с буков, а кролики стремительно улепетывали через низкую поросль и по мшистым кочкам, задрав белые хвостики. Когда въехали в аллею, ведущую к Кентервильскому замку, небо вдруг покрылось тучами, какая-то странная тишина

great flight of rooks passed silently over their heads, and, before they reached the house, some big drops of rain had fallen.

Standing on the steps to receive them was an old woman, neatly dressed in black silk, with a white cap and apron. This was Mrs. Umney, the housekeeper, whom Mrs. Otis, at Lady Canterville's earnest request, had consented to keep on in her former position. She made them each a low curtsey as they alighted, and said in a quaint, old-fashioned manner,

'I bid you welcome to Canterville Chase.'

Following her, they passed through the fine Tudor hall into the library, a long, low room, panelled in black oak, at the end of which was a large stained-glass window. Here they found tea laid out for them, and, after taking off their wraps, they sat down and began to look round, while Mrs. Umney waited on them.

Suddenly Mrs. Otis caught sight of a dull red stain on the floor just by the fireplace and, quite unconscious of what it really signified, said to Mrs. Umney,

'I am afraid something has been spilt there.'

'Yes, madam,' replied the old housekeeper in a low voice, 'blood has been spilt on that spot.'

'How horrid,' cried Mrs. Otis; 'I don't at all care for bloodstains in a sitting-room. It must be removed at once.'

The old woman smiled, and answered in the same low, mysterious voice,

'It is the blood of Lady Eleanore de Canterville, who was murdered on that very spot by her own husband, Sir Simon de Can-

сковала воздух, молча пролетела огромная стая галок, и еще не успели путники подъехать к дому, как стал накрапывать дождь большими редкими каплями.

На ступенях крыльца их поджидала старушка, в аккуратном черном шелковом платье, белом чепчике и переднике. Это была миссис Эмни, экономка, которую миссис Отис, по убедительной просьбе леди Кентервиль, оставила у себя на службе в прежней должности. Она перед каждым членом семьи по очереди низко присела и торжественно, по-старомодному, промолвила:

— Добро пожаловать в Кентервильский замок!

Они вошли вслед за нею в дом и, пройдя великолепный холл в стиле Тюдоров, очутились в библиотеке, длинной и низкой комнате. Ее стены были обшиты черным дубом, а в противоположном конце находилось большое окно из разноцветных стекол. Здесь был сервирован чай. Сняв пальто, они уселись за стол и стали разглядывать комнату, а миссис Эмни прислуживала им.

Вдруг миссис Отис заметила темное красное пятно на полу, у самого камина, и, не зная его происхождения, указала на него миссис Эмни:

— Кажется, здесь что-то пролито.

— Да, сударыня, — ответила старая экономка шепотом, — на этом месте была пролита человеческая кровь.

— Какой ужас! — воскликнула миссис Отис. — Кровавые пятна в гостиной, на мой взгляд, совершенно неуместны. Это надо немедленно смыть.

Старуха улыбнулась и ответила тем же таинственным шепотом:

— Это кровь леди Элеоноры Кентервиль, которая была убита на этом самом месте в 1575 году своим собственным

terville, in 1575. Sir Simon survived her nine years, and disappeared suddenly under very mysterious circumstances. His body has never been discovered, but his guilty spirit still haunts the Chase. The blood-stain has been much admired by tourists and others, and cannot be removed.'

'That is all nonsense,' cried Washington Otis; 'Pinkerton's Champion Stain Remover and Paragon Detergent will clean it up in no time,' and before the terrified housekeeper could interfere he had fallen upon his knees, and was rapidly scouring the floor with a small stick of what looked like a black cosmetic. In a few moments no trace of the blood-stain could be seen.

'I knew Pinkerton would do it,' he exclaimed triumphantly, as he looked round at his admiring family; but no sooner had he said these words than a terrible flash of lightning lit up the sombre room, a fearful peal of thunder made them all start to their feet, and Mrs. Umney fainted.

'What a monstrous climate!' said the American Minister calmly, as he lit a long cheroot. 'I guess the old country is so over-populated that they have not enough decent weather for everybody. I have always been of opinion that emigration is the only thing for England.'

'My dear Hiram,' cried Mrs. Otis, 'what can we do with a woman who faints?'

'Charge it to her like breakages,' answered the Minister; 'she won't faint after that;' and in a few moments Mrs. Umney certainly came to. There was no doubt, however, that she was extremely upset, and she sternly warned Mr. Otis to beware of some trouble coming to the house.

'I have seen things with my own eyes, sir,' she said, 'that would make any Christian's hair stand on end, and many and

мужем, лордом Симоном де Кентервиль. Сэр Симон пережил ее на девять лет и потом неожиданно исчез при весьма загадочных обстоятельствах. Его тело так и не было найдено, но грешный дух его до сих пор еще бродит по замку. Пятно это приводило в восхищение туристов, и уничтожить его невозможно.

— Это все глупости! — воскликнул Вашингтон Отис. — «Всемирный Выводитель Пятен Пинкертона и Образцовый Очиститель» уничтожит его в одно мгновение.

И не успела испуганная экономка помешать ему, как он опустился на колени и стал быстро тереть пол маленькой палочкой какого-то вещества, похожего на черный фиксатуар. Через несколько минут от кровавого пятна не осталось ни следа.

— Я знал, что «Пинкертон» не подведет! — воскликнул он, торжествуя, и оглянулся на семейство, которое с одобрением смотрело на него; но он не договорил, так как яркая вспышка молнии озарила полутемную комнату и оглушительный удар грома поднял всех на ноги, а миссис Эмни упала в обморок.

— Какой чудовищный климат, — заметил спокойно американский посол, закуривая длинную манильскую сигару. — Очевидно, в этой древней стране населения так много, что на всех не хватает приличной погоды. Я всегда держался того мнения, что эмиграция — единственное спасение для Англии.

— Дорогой Хирам, — сказала миссис Отис, — что нам делать с женщиной, которая падает в обморок?

— Вычти из ее жалованья, как за битье посуды, — ответил посол, — после этого она не станет больше падать.

И действительно, через несколько минут миссис Эмни пришла в себя. Но, несомненно, она была очень взволнована и торжественно предупредила мистера Отиса, что дому неминуемо угрожает беда.

— Сэр, — сказала она, — я видела собственными глазами такие вещи, от которых у всякого доброго христианина волосы

many a night I have not closed my eyes in sleep for the awful things that are done here.'

Mr. Otis, however, and his wife warmly assured the honest soul that they were not afraid of ghosts, and, after invoking the blessings of Providence on her new master and mistress, and making arrangements for an increase of salary, the old housekeeper tottered off to her own room.

встали бы дыбом, и много ночей не смыкала я глаз от ужасов, творящихся здесь.

Но мистер Отис и его жена настойчиво убеждали почтенную женщину, что они не боятся привидений, и, призвав благословение Божие на своих новых хозяев и намекнув на прибавку жалованья, старая экономка удалилась нетвердыми шагами в свою комнату.

Chapter II

The storm raged fiercely all that night, but nothing of particular note occurred. The next morning, however, when they came down to breakfast, they found the terrible stain of blood once again on the floor.

'I don't think it can be the fault of the Paragon Detergent,' said Washington, 'for I have tried it with everything. It must be the ghost.'

He accordingly rubbed out the stain a second time, but the second morning it appeared again. The third morning also it was there, though the library had been locked up at night by Mr. Otis himself, and the key carried upstairs. The whole family were now quite interested; Mr. Otis began to suspect that he had been too dogmatic in his denial of the existence of ghosts, Mrs. Otis expressed her intention of joining the Psychical Society[1], and Washington prepared a long letter to Messrs. Myers and Podmore on the subject of the Permanence of Sanguineous Stains when connected with Crime. That night all doubts about the objective existence of phantasmata were removed for ever.

The day had been warm and sunny; and, in the cool of the evening, the whole family went out to drive. They did not return

Глава II

Буря дико бушевала всю ночь, но ничего особенного не случилось. Однако на следующее утро, когда семья сошла к завтраку, все снова увидели на полу ужасное кровавое пятно.

— Не думаю, чтобы тут виноват был мой «Образцовый Очиститель», — сказал Вашингтон. — Я его испробовал на очень многих вещах. Должно быть, это дело привидения.

И он снова стер пятно, и снова к следующему утру оно появилось. И на третье утро оно было там, хотя накануне вечером мистер Отис сам запер библиотеку и унес с собою ключ. Вся семья сильно заинтересовалась этим; мистер Отис стал подумывать, не был ли он слишком догматичен, когда отрицал существование привидений; миссис Отис высказала решение вступить в члены Общества исследований спиритических явлений, а Вашингтон приготовил длинное письмо к господам Майерсу и Подмору на тему о прочности кровавых пятен, связанных с преступлением. Но в ту же ночь были рассеяны навсегда всякие сомнения относительно существования призраков.

День был жаркий и солнечный, и, когда наступила вечерняя прохлада, вся семья поехала кататься. Они вернулись до-

home till nine o'clock, when they had a light supper. The conversation in no way turned upon ghosts, so there were not even those primary conditions of receptive expectation which so often precede the presentation of psychical phenomena. The subjects discussed, as I have since learned from Mr. Otis, were merely such as form the ordinary conversation of cultured Americans of the better class, such as the immense superiority of Miss Fanny Davenport[2] over Sara Bernhardt[3] as an actress; the difficulty of obtaining green corn, buckwheat cakes, and hominy, even in the best English houses; the importance of Boston in the development of the world-soul; the advantages of the baggage check system in railway travelling; and the sweetness of the New York accent as compared to the London drawl. No mention at all was made of the supernatural, nor was Sir Simon de Canterville alluded to in any way. At eleven o'clock the family retired, and by half-past all the lights were out. Some time after, Mr. Otis was awakened by a curious noise in the corridor, outside his room. It sounded like the clank of metal, and seemed to be coming nearer every moment. He got up at once, struck a match, and looked at the time. It was exactly one o'clock. He was quite calm, and felt his pulse, which was not at all feverish. The strange noise still continued, and with it he heard distinctly the sound of footsteps. He put on his slippers, took a small oblong phial out of his dressing-case, and opened the door. Right in front of him he saw, in the wan moonlight, an old man of terrible aspect. His eyes were as red burning coals; long grey hair fell over his shoulders in matted coils; his garments, which were of antique cut, were soiled and ragged, and from his wrists and ankles hung heavy manacles and rusty gyves.

'My dear sir,' said Mr. Otis, 'I really must insist on your oiling those chains, and have brought you for that purpose a small bottle of the Tammany Rising Sun Lubricator. It is said to be completely efficacious upon one application, and there are several testimonials to that effect on the wrapper from some of our most eminent native divines. I shall leave it here for you by the bedroom candles, and will be happy to supply you with more should you require it.'

мой только к девяти часам и сели за легкий ужин. Разговор вовсе не касался духов, поэтому не было даже тех элементарных условий для повышенной восприимчивости, которая так часто предшествует всяким спиритическим явлениям. Темы, которые обсуждались, как мне потом удалось узнать от мистера Отиса, были обычные темы просвещенных американцев высшего общества, например: бесконечное превосходство мисс Фанни Давенпорт как актрисы над Сарой Бернар; трудность получения даже в лучших английских домах зеленой кукурузы, гречневых пирожков и маисовой каши; значение Бостона для развития мировой души; преимущества билетной системы для провоза багажа по железной дороге; приятная мягкость нью-йоркского акцента в сравнении с тягучестью лондонского произношения. Никто не упомянул ни о чем сверхъестественном, и о сэре Симоне де Кентервиле вовсе не было речи. В одиннадцать часов семья удалилась на покой, и полчаса спустя во всем доме были погашены огни. Через короткое время мистер Отис проснулся от страшного шума в коридоре, куда выходила его комната. Ему послышался как будто звон металла, приближающийся с каждой минутой. Он тотчас же встал, зажег спичку и посмотрел на часы: ровно час. Мистер Отис был совершенно спокоен и пощупал свой пульс, который бился ровно, как всегда. Страшный шум продолжался, и одновременно мистер Отис ясно стал различать звук шагов. Он надел туфли, достал из несессера маленький узкий флакон и открыл дверь. Прямо перед собой, при слабом свете луны, он увидел старика ужасной внешности. Глаза его были подобны красным горящим угольям; длинные седые волосы ниспадали на плечи спутанными прядями; платье, старинного покроя, все в лохмотьях и грязно, а на руках и ногах — тяжелые кандалы и цепи.

— Сэр, — сказал мистер Отис, — я решительно настаиваю на том, чтобы вы смазали свои цепи; для этой цели я принес вам маленький флакон смазки «Восходящее солнце» фирмы Таммани. Уверяют, что она дает желаемые результаты после первого же смазывания, и на обертке вы можете найти блестящие отзывы, с подписями наиболее видных пасторов моей родины. Я оставлю бутылочку здесь около подсвечников и буду рад снабжать вас этим средством по мере надобности.

With these words the United States Minister laid the bottle down on a marble table, and, closing his door, retired to rest.

For a moment the Canterville ghost stood quite motionless in natural indignation; then, dashing the bottle violently upon the polished floor, he fled down the corridor, uttering hollow groans, and emitting a ghastly green light. Just, however, as he reached the top of the great oak staircase, a door was flung open, two little white-robed figures appeared, and a large pillow whizzed past his head! There was evidently no time to be lost, so, hastily adopting the Fourth Dimension of Space as a means of escape, he vanished through the wainscoting, and the house became quite quiet.

On reaching a small secret chamber in the left wing, he leaned up against a moonbeam to recover his breath, and began to try and realise his position. Never, in a brilliant and uninterrupted career of three hundred years, had he been so grossly insulted. He thought of the Dowager Duchess, whom he had frightened into a fit as she stood before the glass in her lace and diamonds; of the four housemaids, who had gone off into hysterics when he merely grinned at them through the curtains of one of the spare bedrooms; of the rector of the parish, whose candle he had blown out as he was coming late one night from the library, and who had been under the care of Sir William Gull[4] ever since, a perfect martyr to nervous disorders; and of old Madame de Tremouillac, who, having wakened up one morning early and seen a skeleton seated in an armchair by the fire reading her diary, had been confined to her bed for six weeks with an attack of brain fever, and, on her recovery, had become reconciled to the Church, and broken off her connection with that notorious sceptic Monsieur de Voltaire[5]. He remembered the terrible night when the wicked Lord Canterville was found choking in his dressing-room, with the knave of diamonds half-way down his throat, and confessed, just before he died, that he had cheated Charles James Fox out of £50,000 at Crockford's by means of that very card, and swore that the ghost had made him swallow it. All his great achievements came back to him again, from the butler who had shot himself in the pantry because he had seen a green hand tapping at the window pane, to the beautiful Lady Stutfield, who was

С этими словами посол Соединенных Штатов поставил пузырек на мраморный столик и, закрыв дверь, удалился.

Минуту Кентервильское привидение стояло совершенно неподвижно, охваченное вполне естественным гневом; затем, озлобленно со всего размаху хватив бутылкой о паркет, понеслось по коридору, издавая глухие стоны и испуская зловещее зеленое сияние. Но едва оно достигло верхней площадки большой дубовой лестницы, как раскрылась какая-то дверь, показались две маленькие фигурки в белом, и огромная подушка просвистела у него над головой. Не теряя времени, привидение быстро воспользовалось четвертым измерением, нырнув в деревянную обшивку стены. В доме все стихло.

Добравшись до маленькой потайной каморки в левом крыле замка, дух, чтобы передохнуть, прислонился к лунному лучу и задумался. Никогда за всю его славную, незапятнанную трехсотлетнюю карьеру его так жестоко не оскорбляли. Он вспомнил о вдовствующей герцогине, которую напугал до припадка, когда она стояла перед зеркалом вся в кружевах и бриллиантах; о четырех горничных, с которыми случилась истерика, когда он просто улыбнулся им из-за портьеры спальни; о приходском пасторе, у которого он потушил свечу, когда тот вечером выходил из библиотеки, и который с тех пор находился на излечении у сэра Уильяма Галла, страдая нервным расстройством; о старой мадам де Тремуйляк, которая, проснувшись однажды рано утром и увидав скелет, сидящий в кресле у камина и читающий ее дневник, слегла на целых шесть недель от воспаления мозга, примирилась с церковью и раз и навсегда порвала всякие сношения с известным скептиком monsieur де Вольтером. Он вспомнил ужасную ночь, когда нашли жестокого лорда Кентервиля у себя в спальне, и тот задыхался, так как в горле у него застряла карта с бубновым валетом. Старик сознался перед смертью, что, играя у Крокфорда с Чарлзом Джеймсом Фоксом, обыграл его на 50 000 фунтов стерлингов с помощью этой же карты, и вот теперь эту карту ему сунуло в глотку Кентервильское привидение. Он вспомнил все свои великие подвиги, начиная с дворецкого, который застрелился в буфетной, увидев зеленую руку, стучащую к нему в окно, и кончая прекрасной леди Стетфилд, которая принуж-

always obliged to wear a black velvet band round her throat to hide the mark of five fingers burnt upon her white skin, and who drowned herself at last in the carp pond at the end of the King's Walk. With the enthusiastic egotism of the true artist he went over his most celebrated performances, and smiled bitterly to himself as he recalled to mind his last appearance as *Red Reuben, or the Strangled Babe,* his *début* as *Gaunt Gibeon, the Blood-sucker of Bexley Moor,* and the *furore* he had excited one lovely June evening by merely playing ninepins[6] with his own bones upon the lawn-tennis ground.

And after all this, some wretched modern Americans were to come and offer him the Rising Sun Lubricator, and throw pillows at his head! It was quite unbearable. Besides, no ghost in history had ever been treated in this manner. Accordingly, he determined to have vengeance, and remained till daylight in an attitude of deep thought.

дена была носить вокруг шеи черную бархатку, дабы скрыть следы пяти пальцев, оставшихся на ее белоснежной коже. Она потом утопилась в сазанном пруду, в конце Королевской аллеи. С восторженным самодовольством настоящего художника перебирал он в памяти свои наиболее знаменитые проделки и горько улыбался, вспоминая последнее появление в качестве Красного Рубена, или Задушенного Младенца, дебют в роли Сухощавого Джибона, или Кровопийцы с Бекслейской Топи, и фурор, который произвел как-то ясным июньским вечером, играя в кегли своими костями на площадке для лаун-тенниса.

И после всего этого являются какие-то несчастные современные американцы, предлагают ему смазку «Восходящее солнце» и швыряются подушками! Это просто невыносимо! В истории не бывало примера, чтобы так обращались с привидениями. И он решил отомстить и до рассвета оставался в глубоком раздумье.

Chapter III

The next morning, when the Otis family met at breakfast, they discussed the ghost at some length. The United States Minister was naturally a little annoyed to find that his present had not been accepted.

'I have no wish,' he said, 'to do the ghost any personal injury, and I must say that, considering the length of time he has been in the house, I don't think it is at all polite to throw pillows at him' — a very just remark, at which, I am sorry to say, the twins burst into shouts of laughter. 'Upon the other hand,' he continued, 'if he really declines to use the Rising Sun Lubricator, we shall have to take his chains from him. It would be quite impossible to sleep, with such a noise going on outside the bedrooms.'

For the rest of the week, however, they were undisturbed, the only thing that excited any attention being the continual renewal of the blood-stain on the library floor. This certainly was very strange, as the door was always locked at night by Mr. Otis, and the windows kept closely barred. The chameleon-like colour, also, of the stain excited a good deal of comment.

Some mornings it was a dull (almost Indian) red, then it would be vermilion, then a rich purple, and once when they came down

Глава III

На следующее утро, когда семья Отис встретилась за завтраком, стали подробно и много говорить о привидении. Посол Соединенных Штатов был немного обижен тем, что подарок его не был принят.

— Я не желаю наносить этому духу оскорбление, — сказал он, — и должен заметить, что, принимая во внимание долголетнее его пребывание в этом доме, не совсем вежливо швырять в него подушками. (Это вполне справедливое замечание было встречено, к сожалению, взрывами смеха со стороны близнецов.) Но с другой стороны, — продолжал посол, — если дух действительно отказывается пользоваться смазкой «Восходящее солнце», придется отобрать у него цепи. Совершенно невозможно спать, когда около спальни такой шум.

Однако остаток недели прошел тихо, и ничто не обеспокоило их; лишь кровавое пятно постоянно появлялось на полу библиотеки. Это было действительно странно, так как дверь всегда запирал на ночь сам мистер Отис, а окна закрывались ставнями с крепкими задвижками. Вызывала много толков и меняющаяся окраска этого пятна.

Иногда оно по утрам было густого (почти индийского) красного цвета, иногда киноварного, потом пурпурного, а од-

for family prayers, according to the simple rites of the Free American Reformed Episcopalian Church, they found it a bright emerald-green. These kaleidoscopic changes naturally amused the party very much, and bets on the subject were freely made every evening. The only person who did not enter into the joke was little Virginia, who, for some unexplained reason, was always a good deal distressed at the sight of the blood-stain, and very nearly cried the morning it was emerald-green.

The second appearance of the ghost was on Sunday night. Shortly after they had gone to bed they were suddenly alarmed by a fearful crash in the hall. Rushing downstairs, they found that a large suit of old armour had become detached from its stand, and had fallen on the stone floor, while, seated in a high-backed chair, was the Canterville ghost, rubbing his knees with an expression of acute agony on his face. The twins, having brought their pea-shooters with them, at once discharged two pellets on him, with that accuracy of aim which can only be attained by long and careful practice on a writing-master, while the United States Minister covered him with his revolver, and called upon him, in accordance with Californian etiquette, to hold up his hands! The ghost started up with a wild shriek of rage, and swept through them like a mist, extinguishing Washington Otis's candle as he passed, and so leaving them all in total darkness. On reaching the top of the staircase he recovered himself, and determined to give his celebrated peal of demoniac laughter. This he had on more than one occasion found extremely useful. It was said to have turned Lord Raker's wig grey in a single night, and had certainly made three of Lady Canterville's French governesses give warning before their month was up. He accordingly laughed his most horrible laugh, till the old vaulted roof rang and rang again, but hardly had the fearful echo died away when a door opened, and Mrs. Otis came out in a light blue dressing-gown.

'I am afraid you are far from well,' she said, 'and have brought you a bottle of Dr. Dobell's tincture. If it is indigestion, you will find it a most excellent remedy.'

нажды, когда семья сошла вниз к общесемейной молитве — согласно упрощенному ритуалу свободной американской реформированной епископальной церкви, — пятно было яркого изумрудно-зеленого цвета. Эти калейдоскопические перемены, естественно, очень забавляли всех членов семейства, и каждый вечер заключались пари в ожидании следующего утра. Только маленькая Виргиния не разделяла общего легкомысленного настроения; она, по какой-то необъяснимой причине, всегда очень печалилась при виде кровавого пятна и чуть-чуть не расплакалась в то утро, когда оно было ярко-зеленое.

Второе появление духа состоялось в воскресенье ночью. Вскоре после того, как все разошлись по спальням, раздался невероятный треск в холле. Спустившись вниз, семейство увидело, что большие рыцарские доспехи, сорвавшиеся с пьедестала, валяются на полу, а в кресле с высокой спинкой сидит Кентервильское привидение, потирая коленки с выражением острой боли. Близнецы, захватившие с собой резиновые рогатки, с меткостью, которая достигается только долгим и упорным упражнением на особе учителя чистописания, тотчас же выпустили в привидение два заряда, а посол Соединенных Штатов направил на него револьвер и, согласно калифорнийскому этикету, попросил поднять руки вверх. Дух вскочил с диким криком бешенства и пронесся как туман мимо них, потушив при этом у Вашингтона свечу и оставив всех в абсолютной темноте. Добравшись до верхней площадки лестницы, он пришел в себя и решил разразиться своим знаменитым дьявольским хохотом. Не раз этот хохот оказывал ему услуги. Говорят, от него в одну ночь поседел парик у лорда Райкера, и, бесспорно, этот хохот был причиной того, что три французские гувернантки леди Кентервиль отказались от места, не прослужив и месяца. И он захохотал своим самым ужасным хохотом, так что зазвенел старый сводчатый потолок. Но едва замолкло страшное эхо, как раскрылась дверь и вышла миссис Отис в бледно-голубом капоте.

— Мне кажется, вы не совсем здоровы, — сказала она, — я вам принесла бутылку микстуры доктора Добеля. Если вы страдаете несварением желудка, то это средство вам очень поможет.

The ghost glared at her in fury, and began at once to make preparations for turning himself into a large black dog, an accomplishment for which he was justly renowned, and to which the family doctor always attributed the permanent idiocy of Lord Canterville's uncle, the Hon.[1] Thomas Horton. The sound of approaching footsteps, however, made him hesitate in his fell purpose, so he contented himself with becoming faintly phosphorescent, and vanished with a deep churchyard groan, just as the twins had come up to him.

On reaching his room he entirely broke down, and became a prey to the most violent agitation. The vulgarity of the twins, and the gross materialism of Mrs. Otis, were naturally extremely annoying, but what really distressed him most was, that he had been unable to wear the suit of mail. He had hoped that even modern Americans would be thrilled by the sight of a Spectre In Armour, if for no more sensible reason, at least out of respect for their national poet Longfellow[2] over whose graceful and attractive poetry he himself had whiled away many a weary hour when the Cantervilles were up in town. Besides, it was his own suit. He had worn it with great success at the Kenilworth tournament, and had been highly complimented on it by no less a person than the Virgin Queen[3] herself. Yet when he had put it on, he had been completely overpowered by the weight of the huge breastplate and steel casque, and had fallen heavily on the stone pavement, barking both his knees severely, and bruising the knuckles of his right hand.

For some days after this he was extremely ill, and hardly stirred out of his room at all, except to keep the blood-stain in proper repair. However, by taking great care of himself, he recovered, and resolved to make a third attempt to frighten the United States Minister and his family. He selected Friday, the 17th of August, for his appearance, and spent most of that day in looking over his wardrobe, ultimately deciding in favour of a large slouched hat with a red feather, a winding-sheet frilled at the wrists and neck, and a rusty dagger. Towards evening a violent storm of rain came on, and the wind was so high that all the windows and doors in the old house shook and rattled. In fact, it was just such weather as he loved. His plan of action was this. He was to make his way quietly

Дух бросил на нее яростный взгляд и хотел было обернуться в черную собаку — талант, который ему принес справедливую славу и которому домашний врач всегда приписывал неизлечимое слабоумие дяди лорда Кентервиля, мистера Томаса Хортона. Но звуки приближающихся шагов заставили его отказаться от этого намерения, и он удовольствовался тем, что стал слабо фосфоресцировать и исчез с глубоким кладбищенским вздохом как раз в ту минуту, когда его почти настигли близнецы.

Добравшись до своей комнаты, он окончательно расстроился и сделался жертвой самого сильного волнения. Вульгарность близнецов и грубый материализм миссис Отис были крайне ему неприятны, но больше всего огорчило то, что так и не удалось облечься в доспехи. Он надеялся, что даже современные американцы будут смущены зрелищем привидения в доспехах если не по какой-либо разумной причине, то, по меньшей мере, из уважения к их национальному поэту Лонгфелло, над томами изящной и привлекательной поэзии которого он провел не один долгий час, когда Кентервили переезжали в город. Кроме того, это было его собственное облачение. Он носил его с большим успехом на турнире в Кенильворте и удостоился выслушать по поводу его много лестного от самой королевы-девственницы. Но, надев доспехи теперь, он просто свалился под тяжестью огромного нагрудника и стального шлема — в изнеможении упал на каменный пол, сильно ушибив колени и разодрав кожу на пальцах правой руки.

В течение нескольких дней он серьезно хворал и почти не выходил из своей комнаты, кроме как ночью, для поддержания в надлежащем виде кровавого пятна. Но благодаря тщательному уходу за собой он поправился и решился в третий раз попытаться испугать посла Соединенных Штатов и его семью. Для этого он выбрал пятницу 17 августа и провел почти весь день, перебирая свой гардероб. Наконец он остановился на большой широкополой шляпе с красным пером, саване с рюшками у ворота и на рукавах и на заржавленном кинжале. К вечеру разразился сильный ливень, и ветер так бушевал, что все окна и двери в старом доме вздрагивали и дребезжали. Впрочем, именно такую погоду он очень любил. План был намечен такой: первым де-

to Washington Otis's room, gibber at him from the foot of the bed, and stab himself three times in the throat to the sound of low music. He bore Washington a special grudge, being quite aware that it was he who was in the habit of removing the famous Canterville blood-stain, by means of Pinkerton's Paragon Detergent. Having reduced the reckless and foolhardy youth to a condition of abject terror, he was then to proceed to the room occupied by the United States Minister and his wife, and there to place a clammy hand on Mrs. Otis's forehead, while he hissed into her trembling husband's ear the awful secrets of the charnel-house. With regard to little Virginia, he had not quite made up his mind. She had never insulted him in any way, and was pretty and gentle. A few hollow groans from the wardrobe, he thought, would be more than sufficient, or, if that failed to wake her, he might grabble at the counterpane with palsy-twitching fingers. As for the twins, he was quite determined to teach them a lesson. The first thing to be done was, of course, to sit upon their chests, so as to produce the stifling sensation of nightmare. Then, as their beds were quite close to each other, to stand between them in the form of a green, icy-cold corpse, till they became paralysed with fear, and finally, to throw off the winding-sheet, and crawl round the room, with white, bleached bones and one rolling eyeball, in the character of *Dumb Daniel, or the Suicide's Skeleton,* a *rôle* in which he had on more than one occasion produced a great effect, and which he considered quite equal to his famous part of *Martin the Maniac, or the Masked Mystery.*

At half-past ten he heard the family going to bed. For some time he was disturbed by wild shrieks of laughter from the twins, who, with the light-hearted gaiety of schoolboys, were evidently amusing themselves before they retired to rest, but at a quarter past eleven all was still, and, as midnight sounded, he sallied forth. The owl beat against the window panes, the raven croaked from the old yew-tree, and the wind wandered moaning round the house like a lost soul; but the Otis family slept unconscious of their doom, and high above the rain and storm he could hear the steady snoring of the Minister for the United States. He stepped stealthily out of the wainscoting, with an evil smile on his cruel, wrinkled mouth, and the moon hid her face in a cloud as he stole past the great oriel window, where his own arms and those of his murdered wife were blazoned in azure and gold. On and on he glided, like an evil shadow, the very darkness seeming to loathe him as he passed.

лом он проберется тихонько в комнату Вашингтона Отиса, станет у него в ногах и наговорит ему всякого вздору, а потом под звуки тихой музыки пронзит себе горло кинжалом. Особую неприязнь он чувствовал к Вашингтону, так как прекрасно знал, что именно он стирал знаменитое Кентервильское пятно с помощью «Образцового Пинкертоновского Очистителя». Доведя легкомысленного и дерзкого юношу до состояния несказанного ужаса, он пойдет в спальню посла Соединенных Штатов и его супруги и положит покрытую холодным потом руку на голову миссис Отис, нашептывая при этом ее дрожащему мужу на ухо ужасные тайны склепа. Что касается маленькой Виргинии, то он и сам еще не решил, что именно предпримет. Она никогда его не оскорбляла, а была так мила и нежна. Нескольких глухих стонов из шкафа будет более чем достаточно, а если это не разбудит ее, он подергает дрожащими пальцами ее одеяло. Близнецам же он решил преподать урок. Первое, что надо сделать, это, конечно, сесть им на грудь, чтобы вызвать отвратительные ощущения кошмара. Потом, ввиду того что кровати близнецов стоят близко друг к другу, он встанет между ними в образе зеленого заледенелого трупа, пока они не застынут от ужаса. И вот тогда он сбросит саван и, обнажив свои кости, будет шагать по комнате, вращая одним глазом, в роли Немого Даниила, или Скелета Самоубийцы. Эта роль не раз производила большой эффект, и по силе он считал ее равной своему исполнению Сумасшедшего Мартина, или Сокрытой Тайны.

В половине одиннадцатого он слышал, как вся семья отправилась спать. Долго ему мешали дикие взрывы хохота близнецов, которые с легкомысленной беспечностью школьников, очевидно, резвились перед тем, как улечься на покой. В четверть двенадцатого все стихло, и, как только пробило полночь, он пустился в путь. Совы бились о стекла окон, ворон каркал со старого тисового дерева, и ветер блуждал, словно неприкаянная душа, вокруг старого дома. Но семья Отис спокойно спала, не подозревая о предстоящем несчастье, и громче дождя и бури раздавался храп посла Соединенных Штатов. Дух осторожно выступил из обшивки и злобно улыбнулся, скривив жестокий, сморщенный рот. Луна спряталась за тучей, когда он пробирался мимо круглого окна, на котором золотом и лазурью были выведены его герб и герб убитой им жены. Все дальше скользил он, словно зловещая тень; казалось, и сама тьма встречала его с отвращением.

Once he thought he heard something call, and stopped; but it was only the baying of a dog from the Red Farm, and he went on, muttering strange sixteenth-century curses, and ever and anon brandishing the rusty dagger in the midnight air. Finally he reached the corner of the passage that led to luckless Washington's room. For a moment he paused there, the wind blowing his long grey locks about his head, and twisting into grotesque and fantastic folds the nameless horror of the dead man's shroud. Then the clock struck the quarter, and he felt the time was come. He chuckled to himself, and turned the corner; but no sooner had he done so, than, with a piteous wail of terror, he fell back, and hid his blanched face in his long, bony hands. Right in front of him was standing a horrible spectre, motionless as a carven image, and monstrous as a madman's dream! Its head was bald and burnished; its face round, and fat, and white; and hideous laughter seemed to have writhed its features into an eternal grin. From the eyes streamed rays of scarlet light, the mouth was a wide well of fire, and a hideous garment, like to his own, swathed with its silent snows the Titan form. On its breast was a placard with strange writing in antique characters, some scroll of shame it seemed, some record of wild sins, some awful calendar of crime, and, with its right hand, it bore aloft a falchion[4] of gleaming steel.

Never having seen a ghost before, he naturally was terribly frightened, and, after a second hasty glance at the awful phantom, he fled back to his room, tripping up in his long winding sheet as he sped down the corridor, and finally dropping the rusty dagger into the Minister's jack-boots, where it was found in the morning by the butler. Once in the privacy of his own apartment, he flung himself down on a small pallet-bed, and hid his face under the clothes. After a time, however, the brave old Canterville spirit asserted itself, and he determined to go and speak to the other ghost as soon as it was daylight. Accordingly, just as the dawn was touching the hills with silver, he returned towards the spot where he had first laid eyes on the grisly phantom, feeling that, after all, two ghosts were better than one, and that, by the aid of his new friend, he might safely grapple with the twins. On reaching the spot, however, a terrible sight met his gaze. Something had evidently happened to the spectre, for the light had entirely faded from its hollow eyes, the gleaming falchion had fallen from its hand, and it was lean-

Вот ему показалось, что его окликнули, — он замер, но это был только лай собаки, доносившийся с Красной фермы. И он продолжал свой путь, бормоча страшные ругательства XVI века и не переставая размахивать заржавленным кинжалом. Наконец он добрался до угла коридора, ведущего в комнату злосчастного Вашингтона. На мгновение он остановился; ветер развевал его длинные седые локоны и свертывал с неизреченным ужасом в чудовищные фантастические складки саван мертвеца. Часы пробили четверть. Пора. Он самодовольно замурлыкал и повернул за угол. Но едва он это сделал, как с воплем ужаса шарахнулся назад, закрыв побледневшее лицо длинными костлявыми руками. Прямо перед ним стоял ужасный призрак, неподвижный, словно изваяние, и чудовищный, как бред сумасшедшего. Голова лысая, гладкая; лицо круглое, жирное, белое; и отвратительный смех свел черты его в вечную улыбку. Из глаз струились лучи красного света, рот пылал пламенем, а безобразная одежда, похожая на его собственную, окутывала молчаливыми снегами титаническую фигуру. На груди у призрака висела доска с надписью, начертанной старинным шрифтом: верно, повесть о диких злодеяниях, ужасный перечень преступлений. В правой руке он высоко держал палицу из блестящей стали.

Никогда прежде не видав привидений, Кентервильский дух, естественно, ужаснулся и, бросив беглый взгляд на страшный призрак, побежал назад к себе в комнату, путаясь в складках савана и уронив заржавленный кинжал в сапоги посла, где на следующее утро его нашел дворецкий. Добравшись до своей комнаты и очутившись наконец в безопасности, он бросился на узкую походную кровать и спрятал лицо под одеялом. Спустя некоторое время, однако, проснулась в нем старая кентервильская отвага, и он решил пойти и заговорить с другим привидением, как только рассветет. И едва заря окрасила холмы серебром, он вернулся туда, где столкнулся с жутким призраком, чувствуя, что, в конце концов, два привидения лучше одного и что с помощью нового друга сумеет справиться с близнецами. Но когда он очутился там, его взорам представилась страшная картина. Что-то, очевидно, приключилось с призраком, так как свет окончательно потух в его пустых глазницах, блестящая палица выпала из рук и весь он прислонился к стене в крайне неудобной и не-

ing up against the wall in a strained and uncomfortable attitude. He rushed forward and seized it in his arms, when, to his horror, the head slipped off and rolled on the floor, the body assumed a recumbent posture, and he found himself clasping a white dimity bed-curtain, with a sweeping-brush, a kitchen cleaver, and a hollow turnip lying at his feet! Unable to understand this curious transformation, he clutched the placard with feverish haste, and there, in the grey morning light, he read these fearful words: —

YE OTIS GHOSTE.
Ye Onlie True and Originale Spook.
Beware of Ye Imitationes.
All others are Counterfeite.

The whole thing flashed across him. He had been tricked, foiled, and outwitted! The old Canterville look came into his eyes; he ground his toothless gums together; and, raising his withered hands high above his head, swore, according to the picturesque phraseology of the antique school, that when Chanticleer[5] had sounded twice his merry horn, deeds of blood would be wrought, and Murder walk abroad with silent feet.

Hardly had he finished this awful oath when, from the red-tiled roof of a distant homestead, a cock crew. He laughed a long, low, bitter laugh, and waited. Hour after hour he waited, but the cock, for some strange reason, did not crow again. Finally, at half-past seven, the arrival of the housemaids made him give up his fearful vigil, and he stalked back to his room, thinking of his vain oath and baffled purpose. There he consulted several books of ancient chivalry, of which he was exceedingly fond, and found that, on every occasion on which this oath had been used, Chanticleer had always crowed a second time.

'Perdition seize the naughty fowl,' he muttered, 'I have seen the day when, with my stout spear, I would have run him through the gorge, and made him crow for me an 'twere in death!'

He then retired to a comfortable lead coffin, and stayed there till evening.

естественной позе. Дух Кентервиля подбежал к нему, поднял его, как вдруг — о, ужас! — голова соскочила и покатилась по полу, туловище окончательно согнулось, и он увидал, что обнимает белую канифасовую занавеску, а у ног его лежат метла, кухонный топор и выдолбленная тыква. Не понимая причины этого странного превращения, он дрожащими руками поднял плакат и при сером свете утра прочел следующие страшные слова:

ДУХ ОТИС
Единственный настоящий и оригинальный призрак!
Остерегайтесь подделок!!
Все остальные — ненастоящие!

Ему сразу все стало ясно. Его обманули, перехитрили, оставили с носом! Глаза его засверкали старым кентервильским огнем; он заскрежетал беззубыми деснами и, подняв высоко над головой сморщенные руки, поклялся, согласно образной фразеологии старинной школы, что, когда Шантеклер дважды протрубит в свой рог, совершатся кровавые преступления и убийство тихими шагами пройдет по этому дому.

Едва он произнес ужасную клятву, как с красной черепичной крыши далекого домика раздалось пение петуха. Дух захохотал долгим, глухим и печальным хохотом и стал ждать. Час за часом ждал он, но по какой-то необъяснимой причине петух вторично не запел. Наконец около половины восьмого приход горничных заставил его отказаться от страшного бдения, и он вернулся в свою комнату, не переставая думать о своей тщетной надежде и неисполненном желании. Там, у себя, он принялся перебирать древние книги, которые очень любил, и вычитал, что каждый раз, когда бывала произнесена его клятва, всегда вторично пропевал петух.

— Да будет проклята эта гадкая птица, — пробормотал он, — дождусь ли дня, когда верным копьем проткну ей глотку и заставлю петь мне до смерти.

Потом он лег в удобный свинцовый гроб и оставался там до самого вечера.

Chapter IV

The next day the ghost was very weak and tired. The terrible excitement of the last four weeks was beginning to have its effect. His nerves were completely shattered, and he started at the slightest noise. For five days he kept his room, and at last made up his mind to give up the point of the blood-stain on the library floor. If the Otis family did not want it, they clearly did not deserve it. They were evidently people on a low, material plane of existence, and quite incapable of appreciating the symbolic value of sensuous phenomena. The question of phantasmic apparitions, and the development of astral bodies, was of course quite a different matter, and really not under his control. It was his solemn duty to appear in the corridor once a week, and to gibber from the large oriel window on the first and third Wednesdays in every month, and he did not see how he could honourably escape from his obligations. It is quite true that his life had been very evil, but, upon the other hand, he was most conscientious in all things connected with the supernatural.

For the next three Saturdays, accordingly, he traversed the corridor as usual between midnight and three o'clock, taking every possible precaution against being either heard or seen. He removed his boots, trod as lightly as possible on the old worm-

Глава IV

На следующий день дух чувствовал себя очень слабым и утомленным. Ужасное нервное возбуждение последних четырех недель начинало сказываться. Нервы были совершенно разбиты, и он вздрагивал при малейшем шорохе. В течение целых пяти дней он не выходил из своей комнаты и наконец даже перестал заботиться о кровавом пятне на полу библиотеки. Если оно не нужно семье Отис, то ясно, что они недостойны его. Очевидно, это люди, живущие в низшей материальной плоскости и совершенно не умеющие ценить символическое значение спиритических феноменов. Вопрос о сверхземных явлениях и о развитии астральных тел, конечно, был иного рода и, в сущности, не находился под его контролем. Но священной его обязанностью было являться раз в неделю в коридоре, издавать бессвязный вздох с большого круглого окна в первую и третью среду каждого месяца, и он не видел возможности отказаться от этого. И хотя его жизнь была очень безнравственной, во всех вопросах, связанных с потусторонним миром, он был крайне добросовестен.

Поэтому в ближайшие три субботы он, по обыкновению, прогуливался по коридору между полночью и тремя часами утра, принимая всевозможные меры, чтобы его не слышали и не видели. Он снимал сапоги, ступал как можно легче по изъе-

eaten boards, wore a large black velvet cloak, and was careful to use the Rising Sun Lubricator for oiling his chains. I am bound to acknowledge that it was with a good deal of difficulty that he brought himself to adopt this last mode of protection. However, one night, while the family was at dinner, he slipped into Mr. Otis's bedroom and carried off the bottle. He felt a little humiliated at first, but afterwards was sensible enough to see that there was a great deal to be said for the invention, and, to a certain degree, it served his purpose. Still, in spite of everything, he was not left unmolested. Strings were continually being stretched across the corridor, over which he tripped in the dark, and on one occasion, while dressed for the part of *Black Isaac, or the Huntsman of Hogley Woods,* he met with a severe fall, through treading on a butter-slide, which the twins had constructed from the entrance of the Tapestry Chamber to the top of the oak staircase. This last insult so enraged him, that he resolved to make one final effort to assert his dignity and social position, and determined to visit the insolent young Etonians the next night in his celebrated character of *Reckless Rupert, or the Headless Earl*[1].

He had not appeared in this disguise for more than seventy years: in fact, not since he had so frightened pretty Lady Barbara Modish by means of it, that she suddenly broke off her engagement with the present Lord Canterville's grandfather, and ran away to Gretna Green[2] with handsome Jack Castletown, declaring that nothing in the world would induce her to marry into a family that allowed such a horrible phantom to walk up and down the terrace at twilight. Poor Jack was afterwards shot in a duel by Lord Canterville on Wandsworth Common, and Lady Barbara died of a broken heart at Tunbridge Wells before the year was out, so, in every way, it had been a great success. It was, however, an extremely difficult *make-up,* if I may use such a theatrical expression in connection with one of the greatest mysteries of the supernatural, or, to employ a more scientific term, the higher-natural world, and it took him fully three hours to make his preparations. At last everything was ready, and he was very pleased with his appearance. The big leather riding-boots that went with the dress were just a little too large for him, and he could only find one of the two horse-pistols, but, on the whole, he was quite satisfied,

денным червями доскам пола, надевал широкий черный бархатный плащ и не забывал тщательно смазывать свои цепи смазкой «Восходящее солнце». Надо сказать, ему стоило многих усилий заставить себя прибегнуть к этой последней предохранительной мере. И все-таки однажды вечером, когда семья сидела за обедом, он пробрался в комнату к мистеру Отису и выкрал бутылку. Сперва он чувствовал себя немного униженным, но потом вынужден был благоразумно сознаться, что изобретение это имело свои достоинства и до некоторой степени могло принести пользу. Но, несмотря на все предосторожности, его не оставляли в покое. Постоянно кто-то протягивал веревки поперек коридора, о которые он спотыкался в темноте; а однажды, когда он оделся для роли Черного Исаака, или Охотника из Хоглейских Лесов, он тяжко ушибся, поскользнувшись на масляном катке, который устроили близнецы, начиная от входа в гобеленовую залу до верхней площадки дубовой лестницы. Это происшествие так разозлило его, что он решился последний раз попытаться восстановить свое достоинство и общественное положение, явившись дерзким юным школьникам в следующую ночь в своей знаменитой роли Отважного Руперта, или Герцога Без Головы.

Он не появлялся в этой роли более семидесяти лет, с тех самых пор, когда так напугал хорошенькую леди Барбару Модиш, что она отказала своему жениху, деду нынешнего лорда Кентервиля, и убежала в Гретна-Грин с красавцем Джеком Каслтоном, заявив, что ни за что в мире не согласится выйти замуж за человека, семья которого дозволяет такому ужасному призраку разгуливать в сумерках по террасе. Бедный Джек был вскоре убит на дуэли лордом Кентервильским на Вандсвортском лугу, а леди Барбара умерла от разбитого сердца в Тенбридж-Уэльсе меньше чем через год, так что в общем выступление духа имело большой успех. Но это был чрезвычайно трудный грим — если можно воспользоваться таким театральным термином, говоря об одной из величайших тайн мира сверхъестественного, или, выражаясь научнее, мира «околоестественного». Призрак потерял целых три часа на приготовления. Наконец все было готово, и он остался очень доволен своим видом. Правда, большие кожаные ботфорты, которые составляли часть костюма, были немного велики, и не удалось отыскать один из двух пистолетов, но это — сущие

and at a quarter past one he glided out of the wainscoting and crept down the corridor. On reaching the room occupied by the twins, which I should mention was called the Blue Bed Chamber, on account of the colour of its hangings, he found the door just ajar. Wishing to make an effective entrance, he flung it wide open, when a heavy jug of water fell right down on him, wetting him to the skin, and just missing his left shoulder by a couple of inches[3]. At the same moment he heard stifled shrieks of laughter proceeding from the four-post bed. The shock to his nervous system was so great that he fled back to his room as hard as he could go, and the next day he was laid up with a severe cold. The only thing that at all consoled him in the whole affair was the fact that he had not brought his head with him, for, had he done so, the consequences might have been very serious.

He now gave up all hope of ever frightening this rude American family, and contented himself, as a rule, with creeping about the passages in list slippers, with a thick red muffler round his throat for fear of draughts, and a small arquebuse, in case he should be attacked by the twins. The final blow he received occurred on the 19th of September. He had gone downstairs to the great entrance-hall, feeling sure that there, at any rate, he would be quite unmolested, and was amusing himself by making satirical remarks on the large Saroni[4] photographs of the United States Minister and his wife, which had now taken the place of the Canterville family pictures. He was simply but neatly clad in a long shroud, spotted with churchyard mould, had tied up his jaw with a strip of yellow linen, and carried a small lantern and a sexton's spade. In fact, he was dressed for the character of *Jonas the Graveless, or the Corpse-Snatcher of Chertsey Barn,* one of his most remarkable impersonations, and one which the Cantervilles had every reason to remember, as it was the real origin of their quarrel with their neighbour, Lord Rufford. It was about a quarter past two o'clock in the morning, and, as far as he could ascertain, no one was stirring. As he was strolling towards the library, however, to see if there were any traces left of the blood-stain, suddenly there leaped out on him from a dark corner two figures, who waved their arms wildly above their heads, and shrieked out 'BOO!' in his ear.

пустяки. Ровно в четверть второго призрак выскользнул из обшивки и прокрался вниз по коридору. Добравшись до комнаты, которую занимали близнецы (кстати сказать, эта комната называлась Голубой спальней из-за цвета обоев и штор), он заметил, что дверь чуть приоткрыта. Желая как можно эффектнее войти, он широко распахнул ее... и прямо на него свалился тяжелый кувшин с водой, промочив его насквозь и едва не задев левое плечо. В ту же минуту раздались взрывы хохота из-под балдахина широкой постели. Нервное потрясение было так велико, что он со всех ног кинулся в свою комнату и на следующий день слег от сильной простуды. Хорошо еще, что он выступал в роли без головы, иначе последствия могли бы быть очень серьезными.

Теперь он оставил всякую надежду напугать эту невоспитанную американскую семью и большею частью довольствовался тем, что бродил по коридору в войлочных туфлях, с толстым красным шарфом вокруг шеи, из боязни сквозняков, и с маленьким арбалетом в руках на случай нападения близнецов. Окончательный удар был нанесен ему 19 сентября. Он спустился в большую переднюю, чувствуя, что там, по крайней мере, будет в совершенной безопасности, и стал развлекать себя язвительными насмешками над большими увеличенными фотографиями посла Соединенных Штатов и его супруги, сменившими фамильные портреты Кентервилей. Одет он был просто, но аккуратно, в длинный саван, кое-где запятнанный могильной плесенью, нижняя челюсть подвязана куском желтого полотна, в руке — фонарик и заступ могильщика. Собственно говоря, это был костюм для роли Ионы Непогребенного, или Пожирателя Трупов с Чертсейского Гумна, одно из его лучших воплощений. Кентервили хорошо его помнят, ибо именно оно послужило поводом для их ссор с соседом лордом Реффордом. Было около четверти третьего, и, судя по всему, все уже спали. Но когда он осторожно пробирался к библиотеке, чтобы проверить, остались ли какие-нибудь следы от кровавого пятна, из-за угла на него внезапно набросились две фигуры, дико размахивавшие руками над головой, и крикнули ему на ухо: «Б-у-у!»

Seized with a panic, which, under the circumstances, was only natural, he rushed for the staircase, but found Washington Otis waiting for him there with the big garden-syringe; and being thus hemmed in by his enemies on every side, and driven almost to bay, he vanished into the great iron stove, which, fortunately for him, was not lit, and had to make his way home through the flues and chimneys, arriving at his own room in a terrible state of dirt, disorder, and despair.

After this he was not seen again on any nocturnal expedition. The twins lay in wait for him on several occasions, and strewed the passages with nutshells every night to the great annoyance of their parents and the servants, but it was of no avail. It was quite evident that his feelings were so wounded that he would not appear. Mr. Otis consequently resumed his great work on the history of the Democratic Party, on which he had been engaged for some years; Mrs. Otis organised a wonderful clam-bake, which amazed the whole county; the boys took to lacrosse[5], euchre, poker[6], and other American national games; and Virginia rode about the lanes on her pony, accompanied by the young Duke of Cheshire, who had come to spend the last week of his holidays at Canterville Chase. It was generally assumed that the ghost had gone away, and, in fact, Mr. Otis wrote a letter to that effect to Lord Canterville, who, in reply, expressed his great pleasure at the news, and sent his best congratulations to the Minister's worthy wife.

The Otises, however, were deceived, for the ghost was still in the house, and though now almost an invalid, was by no means ready to let matters rest, particularly as he heard that among the guests was the young Duke of Cheshire, whose grand-uncle, Lord Francis Stilton, had once bet a hundred guineas with Colonel Carbury that he would play dice with the Canterville ghost, and was found the next morning lying on the floor of the card-room in such a helpless paralytic state, that though he lived on to a great age, he was never able to say anything again but *Double Sixes*. The story was well known at the time, though, of course, out of respect to the feelings of the two noble families, every attempt was made to hush it up; and a full account of all the circumstances connected with it will be found in the third volume of

Охваченный вполне естественным при таких условиях паническим страхом, он бросился к лестнице, но там его ждал Вашингтон с большим садовым насосом. Окруженный со всех сторон врагами и почти принужденный сдаться, он юркнул в большую железную печь, которая, к счастью, не топилась, и пробрался по трубам в свою комнату в ужасном виде — грязный, растерзанный, в полном отчаянии.

С тех пор он не устраивал ночных вылазок. Близнецы еще не раз поджидали его в засаде и каждый вечер посыпали пол коридоров ореховой скорлупой, к величайшему неудовольствию родителей и прислуги, но все было напрасно. Стало совершенно очевидно, что дух счел себя настолько обиженным, что не хотел больше появляться. Поэтому мистер Отис снова принялся за свой труд по истории демократической партии, над которым работал уже много лет; миссис Отис организовала состязание по печению пирогов, поразившее все графство; мальчики увлеклись лакроссом, покером, юкером и другими национальными американскими играми; Виргиния же каталась по аллеям на своем пони, в сопровождении молодого герцога Чеширского, проводившего последнюю неделю своих каникул в Кентервильском замке. Все окончательно решили, что привидение куда-нибудь переселилось, и мистер Отис известил об этом письмом лорда Кентервиля, который в ответ выразил большую радость по этому поводу и поздравил почтенную супругу посла.

Но Отисы ошиблись. Привидение все еще находилось в доме и, хотя было теперь почти инвалидом, вовсе не думало оставлять всех в покое. Особенно когда узнало, что среди гостей был молодой герцог Чеширский, двоюродный дед которого, лорд Фрэнсис Стилтон, однажды поспорил на сто гиней с полковником Карбери, что сыграет в кости с Кентервильским духом. На следующее утро его нашли на полу игорной комнаты в беспомощном состоянии, разбитого параличом. Он дожил до преклонного возраста, но никогда больше не мог сказать ни слова, кроме «шесть и шесть». Эта история в свое время получила широкую огласку, но из уважения, конечно, к чувствам обеих благородных семей ее постарались замять. Подробное описание обстоятельств, связанных с этой историей, можно

Lord Tattle's *Recollections of the Prince Regent and his Friends.* The ghost, then, was naturally very anxious to show that he had not lost his influence over the Stiltons, with whom, indeed, he was distantly connected, his own first cousin having been married *en secondes noces*[7] to the Sieur de Bulkeley, from whom, as every one knows, the Dukes of Cheshire are lineally descended. Accordingly, he made arrangements for appearing to Virginia's little lover in his celebrated impersonation of *The Vampire Monk, or, the Bloodless Benedictine,* a performance so horrible that when old Lady Startup saw it, which she did on one fatal New Year's Eve, in the year 1764, she went off into the most piercing shrieks, which culminated in violent apoplexy, and died in three days, after disinheriting the Cantervilles, who were her nearest relations, and leaving all her money to her London apothecary.

At the last moment, however, his terror of the twins prevented his leaving his room, and the little Duke slept in peace under the great feathered canopy in the Royal Bedchamber, and dreamed of Virginia.

найти в третьем томе книги лорда Таттля «Воспоминания о принце-регенте и его друзьях». Поэтому вполне естественно было желание духа доказать, что он не потерял своего влияния над Стилтонами, с которыми к тому же у него было отдаленное родство; его собственная кузина была замужем en secondes noces за сэром де Бёлкли, от которого, как известно, ведут свой род герцоги Чеширские. Ввиду этого он начал приготовления, чтобы предстать перед юным поклонником Виргинии в своем знаменитом воплощении Монаха-Вампира, или Бескровного Бенедиктинца, — нечто столь страшное, что, когда его однажды, в роковой вечер под Новый год, в 1764 году, увидела старая леди Стартап, она разразилась пронзительными криками и через три дня скончалась от апоплексического удара, лишив Кентервилей, своих ближайших родственников, наследства и оставив все состояние своему лондонскому аптекарю.

Но в последнюю минуту страх перед близнецами помешал духу покинуть свою комнату, и маленький герцог спокойно провел ночь под большим балдахином с плюмажами в королевской опочивальне и видел во сне Виргинию.

Chapter V

A few days after this, Virginia and her curly-haired cavalier went out riding on Brockley meadows, where she tore her habit so badly in getting through a hedge, that, on their return home, she made up her mind to go up by the back staircase so as not to be seen. As she was running past the Tapestry Chamber, the door of which happened to be open, she fancied she saw some one inside, and thinking it was her mother's maid, who sometimes used to bring her work there, looked in to ask her to mend her habit. To her immense surprise, however, it was the Canterville Ghost himself! He was sitting by the window, watching the ruined gold of the yellowing trees fly through the air, and the red leaves dancing madly down the long avenue. His head was leaning on his hand, and his whole attitude was one of extreme depression. Indeed, so forlorn, and so much out of repair did he look, that little Virginia, whose first idea had been to run away and lock herself in her room, was filled with pity, and determined to try and comfort him. So light was her footfall, and so deep his melancholy, that he was not aware of her presence till she spoke to him.

'I am so sorry for you,' she said, 'but my brothers are going back to Eton tomorrow, and then, if you behave yourself, no one will annoy you.'

Глава V

Несколько дней спустя Виргиния и ее златокудрый кавалер поехали кататься верхом на Броклейские луга, где она, перескакивая через плетень, так разорвала амазонку, что по возвращении домой решила подняться в свою комнату по черной лестнице, чтобы никто не видел. Когда она пробегала мимо гобеленовой залы, дверь которой была чуть-чуть приоткрыта, ей померещилось, что она кого-то увидала там, и, думая, что это камеристка ее матери, иногда приходившая сюда с шитьем, решила попросить ее заштопать платье. К ее неописуемому удивлению, оказалось, однако, что это был сам Кентервильский дух! Он сидел у окна и смотрел, как по воздуху носилось тусклое золото желтеющих деревьев и красные листья мчались в бешеной пляске по длинной аллее. Он оперся головою на руки, и весь облик его говорил о крайнем отчаянии. Таким одиноким, истрепанным казался он, что маленькая Виргиния, первая мысль которой была — убежать и запереться у себя в комнате, преисполнилась жалостью и решила попробовать утешить его. Так легки и неслышны были ее шаги, так глубока была его грусть, что он не заметил ее присутствия, пока она не заговорила.

— Мне вас очень жаль, — сказала она, — но братья мои завтра возвращаются в Итон, и тогда, если вы будете вести себя прилично, никто вас больше обижать не станет.

'It is absurd asking me to behave myself,' he answered, looking round in astonishment at the pretty little girl who had ventured to address him, 'quite absurd. I must rattle my chains, and groan through keyholes, and walk about at night, if that is what you mean. It is my only reason for existing.'

'It is no reason at all for existing, and you know you have been very wicked. Mrs. Umney told us, the first day we arrived here, that you had killed your wife.'

'Well, I quite admit it,' said the Ghost petulantly, 'but it was a purely family matter, and concerned no one else.'

'It is very wrong to kill any one,' said Virginia, who at times had a sweet Puritan gravity, caught from some old New England ancestor.

'Oh, I hate the cheap severity of abstract ethics! My wife was very plain, never had my ruffs properly starched, and knew nothing about cookery. Why, there was a buck I had shot in Hogley Woods, a magnificent pricket, and do you know how she had it sent up to table? However, it is no matter now, for it is all over, and I don't think it was very nice of her brothers to starve me to death, though I did kill her.'

'Starve you to death? Oh, Mr. Ghost, I mean Sir Simon, are you hungry? I have a sandwich in my case. Would you like it?'

'No, thank you, I never eat anything now; but it is very kind of you, all the same, and you are much nicer than the rest of your horrid, rude, vulgar, dishonest family.'

'Stop!' cried Virginia stamping her foot, 'it is you who are rude, and horrid, and vulgar, and as for dishonesty, you know you stole the paints out of my box to try and furbish up that ridiculous blood-stain in the library. First you took all my reds,

— Глупо просить меня, чтобы я вел себя прилично, — ответил он, оглядывая в удивлении хорошенькую девочку, которая решилась с ним заговорить, — просто нелепо. Я должен греметь цепями, стонать в замочные скважины, разгуливать по ночам — как же иначе? В этом смысл моего существования.

— Это вовсе не смысл существования, и вы знаете, что были очень злым человеком. Миссис Эмни рассказывала нам в день нашего приезда, что вы убили свою жену.

— Ну что ж, я и не отрицаю этого, — ответил дух сварливо, — но это чисто семейное дело, и оно никого не касается.

— Очень нехорошо убивать кого бы то ни было, — сказала Виргиния, которая иногда проявляла милую пуританскую строгость, унаследованную от какого-нибудь старого предка из английских переселенцев.

— О, я ненавижу дешевую строгость отвлеченной морали! Жена моя была очень некрасива, никогда не могла прилично накрахмалить мои брыжи и ничего не понимала в стряпне. Вот вам пример: однажды я убил в Хоглейском лесу оленя, великолепного годовалого самца, и как, вы думаете, она приказала подать его к столу? Впрочем, это неважно теперь, ведь все в прошлом. Только, по-моему, было не очень мило со стороны ее братьев, что они заморили меня голодной смертью, хоть я и был убийца своей жены.

— Заморили голодом? О господин дух, то есть я хотела сказать, сэр Симон, вы голодны? У меня в сумке есть бутерброд. Хотите?

— Нет, благодарю вас. Я теперь никогда ничего не ем; но все же вы очень любезны, и вообще вы гораздо милее всех остальных в вашей отвратительной, невоспитанной, пошлой, бесчестной семье.

— Молчите! — крикнула Виргиния, топнув ногой. — Вы сами невоспитанный, и отвратительный, и пошлый, а что касается бесчестности, то вы же сами взяли у меня из ящика краски, чтобы поддерживать кровавое пятно в библиотеке. Внача-

including the vermilion, and I couldn't do any more sunsets, then you took the emerald-green and the chrome-yellow, and finally I had nothing left but indigo and Chinese white, and could only do moonlight scenes, which are always depressing to look at, and not at all easy to paint. I never told on you, though I was very much annoyed, and it was most ridiculous, the whole thing; for who ever heard of emerald-green blood?'

'Well, really,' said the Ghost, rather meekly, 'what was I to do? It is a very difficult thing to get real blood nowadays, and, as your brother began it all with his Paragon Detergent, I certainly saw no reason why I should not have your paints. As for colour, that is always a matter of taste: the Cantervilles have blue blood, for instance, the very bluest in England; but I know you Americans don't care for things of this kind.'

'You know nothing about it, and the best thing you can do is to emigrate and improve your mind. My father will be only too happy to give you a free passage, and though there is a heavy duty on spirits[1] of every kind, there will be no difficulty about the Custom House, as the officers are all Democrats. Once in New York, you are sure to be a great success. I know lots of people there who would give a hundred thousand dollars to have a grandfather, and much more than that to have a family ghost.'

'I don't think I should like America.'

'I suppose because we have no ruins and no curiosities,' said Virginia satirically.

'No ruins! no curiosities!' answered the Ghost; 'you have your navy and your manners.'

'Good evening; I will go and ask papa to get the twins an extra week's holiday.'

'Please don't go, Miss Virginia,' he cried; 'I am so lonely and so unhappy, and I really don't know what to do. I want to go to sleep and I cannot.'

ле вы взяли все красные краски, включая и киноварь, — я не смогла рисовать солнечные закаты, потом изумрудную зелень и желтый хром, и наконец у меня ничего не осталось, кроме индиго и белил. Мне пришлось ограничиваться сценами при лунном освещении, что всегда выходило очень тоскливо и не так-то легко нарисовать. Я ни разу не выдала вас, хотя мне было очень неприятно. И вообще вся эта история крайне нелепа; кто когда-либо слыхал о крови изумрудно-зеленого цвета?

— Но скажите, — сказал дух довольно покорно, — что же мне было делать? Очень трудно в наши дни доставать настоящую кровь, и, так как ваш брат пустил в ход свой «Образцовый Очиститель», я не видел причины, почему бы мне не воспользоваться вашими красками. Что касается цвета, то это вопрос вкуса; у Кентервилей, например, кровь голубая, самая голубая во всей Англии; но я знаю, что вы, американцы, такого рода вещей не любите.

— Вы совершенный невежда, и лучше вам эмигрировать в Америку и подучиться там. Отец мой рад будет выхлопотать вам бесплатный проезд, и, хотя пошлина на всякого рода духи высокая, вас вряд ли побеспокоят на таможне, ведь все чиновники — демократы. А в Нью-Йорке вам обеспечен колоссальный успех. Я знаю многих людей, которые дали бы сто тысяч долларов, чтобы иметь деда, и несравненно больше, чтобы иметь семейное привидение.

— Вряд ли мне понравится ваша Америка.

— Наверное, потому, что там нет никаких развалин и ничего архаического? — сказала Виргиния иронически.

— Никаких развалин — а ваш флот? Ничего архаического — а ваши обычаи?

— Прощайте! Пойду и попрошу папу, чтобы он выхлопотал близнецам еще одну неделю каникул.

— Не уходите, пожалуйста, мисс Виргиния! — воскликнул призрак. — Я так одинок и так несчастлив и, право, не знаю, что делать. Мне хочется уснуть, а я не могу.

'That's quite absurd! You have merely to go to bed and blow out the candle. It is very difficult sometimes to keep awake, especially at church, but there is no difficulty at all about sleeping. Why, even babies know how to do that, and they are not very clever.'

'I have not slept for three hundred years,' he said sadly, and Virginia's beautiful blue eyes opened in wonder; 'for three hundred years I have not slept, and I am so tired.'

Virginia grew quite grave, and her little lips trembled like rose-leaves. She came towards him, and kneeling down at his side, looked up into his old withered face.

'Poor, poor Ghost,' she murmured; 'have you no place where you can sleep?'

'Far away beyond the pinewoods,' he answered, in a low dreamy voice, 'there is a little garden. There the grass grows long and deep, there are the great white stars of the hemlock flower, there the nightingale sings all night long. All night long he sings, and the cold, crystal moon looks down, and the yew-tree spreads out its giant arms over the sleepers.'

Virginia's eyes grew dim with tears, and she hid her face in her hands.

'You mean the Garden of Death,' she whispered.

'Yes, Death. Death must be so beautiful. To lie in the soft brown earth, with the grasses waving above one's head, and listen to silence. To have no yesterday, and no to-morrow. To forget time, to forgive life, to be at peace. You can help me. You can open for me the portals of Death's house, for Love is always with you, and Love is stronger than Death is.'

Virginia trembled, a cold shudder ran through her, and for a few moments there was silence. She felt as if she was in a terrible dream.

Then the Ghost spoke again, and his voice sounded like the sighing of the wind.

— Ну, это уж совсем нелепо!.. Вам только надо лечь в постель и потушить свечу. Иногда бывает очень трудно не уснуть, особенно в церкви, но никогда не бывает трудно уснуть. Даже грудные младенцы умеют это делать, а они ведь не так уж умны.

— Я не спал триста лет, — сказал он печально, и красивые голубые глаза Виргинии широко раскрылись в удивлении, — триста лет я не спал, и я так утомлен.

Виргиния сделалась совершенно серьезной, и ее губы задрожали, как розовые лепестки. Она подошла к призраку, опустилась на колени и заглянула в старое и сморщенное лицо.

— Бедный, бедный дух, — прошептала она, — разве у тебя нет места, где бы лечь и уснуть?

— Далеко, далеко за сосновым бором, — ответил он тихим мечтательным голосом, — есть маленький сад. Там густа и высока трава, там большие белые звезды болиголова, и всю ночь поет соловей. Всю ночь там поет соловей, а сверху глядит холодная хрустальная луна, и тисовое дерево простирает свои исполинские руки над спящими.

Глаза Виргинии потускнели от слез, и она закрыла лицо руками.

— Вы говорите о Саде Смерти? — прошептала она.

— Да, Смерти. Смерть должна быть прекрасна. Лежать в мягкой темной земле, чтоб над головой качались травы, и слушать молчание! Не знать ни вчера, ни завтра. Забыть время, простить жизнь, познать покой. Вы мне можете помочь. Вы можете открыть мне врата в обитель Смерти, ибо с вами — всегда Любовь, а Любовь сильнее Смерти.

Виргиния вздрогнула, словно ее пронзил холод. Воцарилось молчание. Ей казалось, будто она в каком-то ужасном сне.

Наконец дух заговорил, и голос его был похож на вздохи ветра.

'Have you ever read the old prophecy on the library window?'

'Oh, often,' cried the little girl, looking up; 'I know it quite well. It is painted in curious black letters, and it is difficult to read. There are only six lines:'

When a golden girl can win
Prayer from out the lips of sin,
When the barren almond bears
And a little child gives away its tears,
Then shall all the house be still
And peace come to Canterville.

'But I don't know what they mean.'

'They mean,' he said sadly, 'that you must weep with me for my sins, because I have no tears, and pray with me for my soul, because I have no faith, and then, if you have always been sweet, and good, and gentle, the Angel of Death will have mercy on me. You will see fearful shapes in darkness, and wicked voices will whisper in your ear, but they will not harm you, for against the purity of a little child the powers of Hell cannot prevail.'

Virginia made no answer, and the Ghost wrung his hands in wild despair as he looked down at her bowed golden head. Suddenly she stood up, very pale, and with a strange light in her eyes.

'I am not afraid,' she said firmly, 'and I will ask the Angel to have mercy on you.'

He rose from his seat with a faint cry of joy, and taking her hand bent over it with old-fashioned grace and kissed it. His fingers were as cold as ice, and his lips burned like fire, but Virginia did not falter, as he led her across the dusky room. On the faded green tapestry were broidered little huntsmen. They blew their tasselled horns and with their tiny hands waved to her to go back.

— Вы когда-нибудь читали старинное предсказание, начертанное на окне библиотеки?

— О, часто! — воскликнула девочка, поднимая голову. — Я его хорошо знаю. Оно написано странными черными буквами, и его так трудно прочесть. Там всего шесть строк:

Когда златокудрая дева склонит
Уста грешника к молитве.
Когда сухое миндальное дерево зацветет
И малый ребенок заплачет,
Тогда затихнет весь наш дом,
И покой сойдет на Кентервиля.

Но я не понимала, что значат эти слова.

— Они означают, — сказал он печально, — что вы должны оплакать мои прегрешения, ибо у меня самого нет слез, и помолиться за мою душу, ибо у меня нет веры, и тогда, если вы всегда были доброй, любящей и хорошей, Ангел Смерти смилуется надо мной. Вы увидите ужасных чудовищ во тьме, и злые голоса станут шептать вам на ухо, но они не причинят вам вреда, ведь против чистоты ребенка злые силы ада бессильны.

Виргиния ничего не ответила, и дух в диком отчаянии заломил руки, глядя сверху на ее златокудрую головку. Вдруг, бледная, с горящими глазами, она встала.

— Я не боюсь, — сказала она решительно, — и попрошу Ангела помиловать вас.

Вскрикнув от радости, призрак взял ее руку и, склонившись, поцеловал по старинному обычаю. Пальцы его были холодны как лед, а губы жгли как огонь, но Виргиния ни на минуту не поколебалась, пока он вел ее через полутемную комнату. На поблекших зеленых гобеленах были вытканы маленькие охотники. Они затрубили в свои украшенные кистями рога и крошечными ручками манили ее назад.

'Go back! little Virginia,' they cried, 'go back!' but the Ghost clutched her hand more tightly, and she shut her eyes against them. Horrible animals with lizard tails, and goggle eyes, blinked at her from the carven chimney-piece, and murmured 'Beware! little Virginia, beware! we may never see you again,' but the Ghost glided on more swiftly, and Virginia did not listen. When they reached the end of the room he stopped, and muttered some words she could not understand. She opened her eyes, and saw the wall slowly fading away like a mist, and a great black cavern in front of her. A bitter cold wind swept round them, and she felt something pulling at her dress.

'Quick, quick,' cried the Ghost, 'or it will be too late,' and, in a moment, the wainscoting had closed behind them, and the Tapestry Chamber was empty.

— Назад, маленькая Виргиния! — кричали они. — Назад!

Но дух схватил ее крепче за руку, и она закрыла глаза. Отвратительные звери с хвостами ящериц и выпученными глазами смотрели на нее с резной рамы камина и шептали:

— Берегись, маленькая Виргиния, берегись! Быть может, мы никогда больше не увидим тебя!

Но дух скользил вперед все быстрее, и она ничего не слышала. Когда они дошли до конца комнаты, он остановился и прошептал какие-то слова, которые она не могла понять. Она раскрыла глаза и увидела, как стена медленно растаяла, словно мгла, и за ней открылась огромная черная пещера. Холодный ветер окутал их, и она почувствовала, как кто-то потянул ее за платье.

— Скорее, скорее, — крикнул дух, — а то будет слишком поздно!

И не прошло мгновения, как деревянные обшивки стены закрылись за ними, и гобеленовая зала опустела.

Chapter VI

About ten minutes later, the bell rang for tea, and, as Virginia did not come down, Mrs. Otis sent up one of the footmen to tell her. After a little time he returned and said that he could not find Miss Virginia anywhere. As she was in the habit of going out to the garden every evening to get flowers for the dinner-table, Mrs. Otis was not at all alarmed at first, but when six o'clock struck, and Virginia did not appear, she became really agitated, and sent the boys out to look for her, while she herself and Mr. Otis searched every room in the house. At half-past six the boys came back and said that they could find no trace of their sister anywhere. They were all now in the greatest state of excitement, and did not know what to do when Mr. Otis suddenly remembered that, some few days before, he had given a band of gypsies permission to camp in the park. He accordingly at once set off for Blackfell Hollow, where he knew they were, accompanied by his eldest son and two of the farm-servants.

The little Duke of Cheshire, who was perfectly frantic with anxiety, begged hard to be allowed to go too, but Mr. Otis would not allow him, as he was afraid there might be a scuffle. On arriving at the spot, however, he found that the gypsies had gone, and it was evident that their departure had been rather sudden, as the fire was still burning, and some plates were lying on the grass. Having sent off Washington and the two men to scour the

Глава VI

Минут десять спустя зазвонил гонг, призывая к чаю. Виргиния не явилась, и миссис Отис послала за нею наверх лакея. Он вернулся и заявил, что нигде не нашел мисс Виргинии. Так как у нее была привычка под вечер выходить за цветами для обеденного стола, миссис Отис не беспокоилась вначале, но, когда пробило шесть и Виргинии все еще не было, она серьезно заволновалась и послала мальчиков поискать ее в парке, а сама вместе с мистером Отисом обошла все комнаты в доме. В половине седьмого мальчики вернулись и заявили, что нигде нет никаких следов Виргинии. Все были крайне встревожены и не знали, что предпринять, когда вдруг мистер Отис вспомнил, что несколько дней тому назад позволил цыганскому табору расположиться у него в парке. Он тотчас же в сопровождении старшего сына и двух работников отправился в Блэкфельский лог, где, как он знал, находились цыгане.

Маленький герцог Чеширский, едва не обезумевший от беспокойства, настойчиво просил, чтобы и его взяли с собой, но мистер Отис отказал, так как боялся, что будет драка. Когда они прибыли на место, где был табор, оказалось, что цыган уже нет, и, судя по тому, что еще теплился костер и в траве валялись какие-то тарелки, отъезд их был крайне спешный. Отправив Вашингтона и работников обыскать округу, мистер

district, he ran home, and despatched telegrams to all the police inspectors in the country, telling them to look out for a little girl who had been kidnapped by tramps or gypsies. He then ordered his horse to be brought round, and, after insisting on his wife and the three boys sitting down to dinner, rode off down the Ascot road with a groom. He had hardly, however, gone a couple of miles, when he heard somebody galloping after him, and, looking round, saw the little Duke coming up on his pony, with his face very flushed and no hat.

'I'm awfully sorry, Mr. Otis,' gasped out the boy, 'but I can't eat any dinner as long as Virginia is lost. Please, don't be angry with me; if you had let us be engaged last year, there would never have been all this trouble. You won't send me back, will you? I can't go! I won't go!'

The Minister could not help smiling at the handsome young scapegrace, and was a good deal touched at his devotion to Virginia, so leaning down from his horse, he patted him kindly on the shoulders, and said, 'Well, Cecil, if you won't go back I suppose you must come with me, but I must get you a hat at Ascot.'

'Oh, bother my hat! I want Virginia!' cried the little Duke, laughing, and they galloped on to the railway station

There Mr. Otis inquired of the station-master if any one answering to the description of Virginia had been seen on the platform, but could get no news of her. The station-master, however, wired up and down the line, and assured him that a strict watch would be kept for her, and, after having bought a hat for the little Duke from a linen-draper, who was just putting up his shutters, Mr. Otis rode off to Bexley, a village about four miles away, which he was told was a well-known haunt of the gypsies, as there was a large common next to it. Here they roused up the rural policeman, but could get no information from him, and, after riding all over the common, they turned their horses' heads homewards, and reached the Chase about eleven o'clock, dead-

Отис побежал домой и разослал телеграммы по всем полицейским участкам, прося разыскать девочку, похищенную бродягами или цыганами. Потом он приказал оседлать лошадь и, убедив жену и трех мальчиков сесть за стол обедать, поехал по направлению к Аскоту в сопровождении грума. Но не успели они проехать и двух миль, как услышали за собой лошадиный топот. Оглянувшись, мистер Отис увидал маленького герцога, прискакавшего на своем коне, без шляпы и с раскрасневшимся лицом.

— Простите меня, мистер Отис, — сказал мальчик, задыхаясь, — но я не могу есть, покуда Виргиния не найдена. Пожалуйста, не сердитесь на меня, но, если бы вы в прошлом году дали согласие на нашу помолвку, этой истории не случилось бы. Вы не отправите меня назад, не правда ли? Я не хочу возвращаться домой, и я не могу вернуться.

Посол не удержался от улыбки при взгляде на красивого молодого сорванца, его очень тронула преданность мальчика Виргинии. Нагнувшись с седла, он ласково потрепал его по плечу и сказал:

— Ну, что же делать, Сесил? Если вы не хотите возвращаться домой, значит, придется мне взять вас с собой, но надо будет купить вам в Аскоте шляпу.

— Черт с ней, со шляпой. Мне нужна Виргиния! — сказал маленький герцог смеясь, и они поскакали по направлению к железнодорожной станции.

Там мистер Отис расспросил начальника станции, не видел ли кто-нибудь на платформе девочки, отвечающей по описанию приметам Виргинии, но никто ничего не знал. Все же начальник станции дал телеграммы по линии и уверил мистера Отиса, что к розыскам девочки будут приняты все меры. Купив маленькому герцогу шляпу у торговца, уже закрывавшего свою лавку, посол поехал дальше в деревню Бексли, в четырех милях от станции, которая славилась как место сборищ цыган, поскольку рядом был широкий луг. Здесь они разбудили сельского полисмена, но ничего от него не узнали; объехав весь луг, они повернули домой и добрались до замка око-

tired and almost heart-broken. They found Washington and the twins waiting for them at the gatehouse with lanterns, as the avenue was very dark. Not the slightest trace of Virginia had been discovered. The gypsies had been caught on Brockley meadows, but she was not with them, and they had explained their sudden departure by saying that they had mistaken the date of Chorton Fair, and had gone off in a hurry for fear they might be late. Indeed, they had been quite distressed at hearing of Virginia's disappearance, as they were very grateful to Mr. Otis for having allowed them to camp in his park, and four of their number had stayed behind to help in the search. The carp-pond had been dragged, and the whole Chase thoroughly gone over, but without any result. It was evident that, for that night at any rate, Virginia was lost to them; and it was in a state of the deepest depression that Mr. Otis and the boys walked up to the house, the groom following behind with the two horses and the pony. In the hall they found a group of frightened servants, and lying on a sofa in the library was poor Mrs. Otis, almost out of her mind with terror and anxiety, and having her forehead bathed with eau-de-cologne by the old housekeeper. Mr. Otis at once insisted on her having something to eat, and ordered up supper for the whole party. It was a melancholy meal, as hardly any one spoke, and even the twins were awestruck and subdued, as they were very fond of their sister. When they had finished, Mr. Otis, in spite of the entreaties of the little Duke, ordered them all to bed, saying that nothing more could be done that night, and that he would telegraph in the morning to Scotland Yard for some detectives to be sent down immediately. Just as they were passing out of the dining-room, midnight began to boom from the clock tower, and when the last stroke sounded they heard a crash and a sudden shrill cry; a dreadful peal of thunder shook the house, a strain of unearthly music floated through the air, a panel at the top of the staircase flew back with a loud noise, and out on the landing, looking very pale and white, with a little casket in her hand, stepped Virginia.

In a moment they had all rushed up to her. Mrs. Otis clasped her passionately in her arms, the Duke smothered her with violent kisses, and the twins executed a wild war-dance round the group.

'Good heavens! Child, where have you been?' said Mr. Otis, rather angrily, thinking that she had been playing some foolish

ло одиннадцати часов, усталые, разбитые, почти в отчаянии. У ворот их дожидались Вашингтон и близнецы с фонарями: в аллее было уже очень темно. Оказалось, что цыган догнали на Броклейских лугах, но девочки с ними не было; что же касается их внезапного отъезда, то цыгане объяснили его тем, что ошиблись относительно дня, когда открывается Чертонская ярмарка, и поспешили, чтобы не опоздать к открытию. Они и сами встревожились, узнав об исчезновении Виргинии, так как были очень признательны мистеру Отису за то, что он им позволил разбить табор в парке, и четверо из них остались помогать в розысках. Обыскали сазанный пруд и обошли каждый уголок замка, но безуспешно. Было очевидно, что, по крайней мере, в эту ночь Виргинии с ними не будет. В полном отчаянии мистер Отис и мальчики направились к дому, а грум следовал за ними с двумя лошадьми и пони. В передней их встретили измученные слуги, а в библиотеке на диване лежала миссис Отис, почти обезумевшая от страха и тревоги; ко лбу ее прикладывала компрессы из одеколона старуха экономка. Мистер Отис тотчас же уговорил жену съесть что-нибудь и велел всем подать ужин. Это был грустный ужин; все молчали, и даже близнецы угомонились и сидели смирно, ибо они очень любили сестру. Когда кончили есть, мистер Отис, невзирая на мольбы маленького герцога, отправил всех спать, говоря, что ночью все равно ничего нельзя сделать, а утром он даст телеграммы в Лондон, в сыскную полицию, чтобы немедленно прислали сыщиков. Когда они выходили из столовой, церковные часы начали отбивать полночь, и вместе с последним ударом колокола раздался грохот и резкий крик; оглушительный раскат грома потряс весь дом; звуки неземной музыки разлились в воздухе; на верхней площадке лестницы сорвалась с шумом потайная дверь в деревянной обшивке, и, бледная как полотно, держа в руках маленький ларец, показалась Виргиния.

Все тут же подбежали к ней, миссис Отис нежно прижала ее к себе, маленький герцог почти душил ее пылкими поцелуями, а близнецы кружились вокруг в дикой воинственной пляске.

— Господи, дитя мое, где ты была? — сказал мистер Отис довольно сердито, думая, что она сыграла с ними какую-ни-

trick on them. 'Cecil and I have been riding all over the country looking for you, and your mother has been frightened to death. You must never play these practical jokes any more.'

'Except on the Ghost! Except on the Ghost!' shrieked the twins, as they capered about.

'My own darling, thank God you are found; you must never leave my side again,' murmured Mrs. Otis, as she kissed the trembling child, and smoothed the tangled gold of her hair.

'Papa,' said Virginia quietly, 'I have been with the Ghost. He is dead, and you must come and see him. He had been very wicked, but he was really sorry for all that he had done, and he gave me this box of beautiful jewels before he died.'

The whole family gazed at her in mute amazement, but she was quite grave and serious; and, turning round, she led them through the opening in the wainscoting down a narrow secret corridor, Washington following with a lighted candle, which he had caught up from the table. Finally, they came to a great oak door, studded with rusty nails. When Virginia touched it, it swung back on its heavy hinges, and they found themselves in a little low room, with a vaulted ceiling, and one tiny grated window. Imbedded in the wall was a huge iron ring, and chained to it was a gaunt skeleton, that was stretched out at full length on the stone floor, and seemed to be trying to grasp with its long fleshless fingers an old-fashioned trencher and ewer, that were placed just out of its reach. The jug had evidently been once filled with water, as it was covered inside with green mould. There was nothing on the trencher but a pile of dust. Virginia knelt down beside the skeleton, and, folding her little hands together, began to pray silently, while the rest of the party looked on in wonder at the terrible tragedy whose secret was now disclosed to them.

будь глупую шутку. — Сесил и я объехали всю Англию, разыскивая тебя, а мать твоя напугалась до полусмерти. Никогда больше не дурачь нас таким образом.

— Только духа можешь дурачить, только духа! — кричали близнецы, прыгая как сумасшедшие.

— Милая моя, родная, слава богу, что ты нашлась; ты больше не должна никогда покидать меня, — твердила миссис Отис, целуя дрожащую девочку и разглаживая спутанные пряди ее золотистых волос.

— Папа, — сказала Виргиния спокойно, — я была все это время с духом. Он умер, и вы должны взглянуть на него. Он был очень дурным при жизни, но искренне раскаялся во всех своих проступках и подарил мне на память вот этот ларец с чудесными драгоценностями.

Вся семья глядела на нее в немом изумлении, но она была совершенно серьезна и спокойна и, повернувшись, повела их через отверстие в обшивке стены вниз по узкому потайному коридорчику; Вашингтон с зажженной свечой, захваченной со стола, замыкал шествие. Наконец они дошли до массивной дубовой двери на больших петлях, обитой ржавыми гвоздями. Когда Виргиния прикоснулась к ней, дверь распахнулась и они очутились в маленькой низенькой комнатке со сводчатым потолком и единственным решетчатым окошечком. В стену было вделано огромное железное кольцо, и к нему цепью прикован исполинский скелет, вытянувшийся во всю длину на каменном полу. Казалось, он пытался ухватить длинными, без кожи и мяса, пальцами старинное блюдо и ковш, поставленные так, что их нельзя было достать. Ковш, очевидно, когда-то был наполнен водой, так как внутри был покрыт зеленой плесенью. На блюде же ничего не было, кроме горсточки пыли. Виргиния опустилась на колени рядом со скелетом и, сложив свои маленькие ручки, начала тихо молиться; остальные в удивлении смотрели на ужасную трагическую картину, тайна которой теперь раскрылась им.

'Hallo!' suddenly exclaimed one of the twins, who had been looking out of the window to try and discover in what wing of the house the room was situated. 'Hallo! The old withered almond-tree has blossomed. I can see the flowers quite plainly in the moonlight.'

'God has forgiven him,' said Virginia gravely, as she rose to her feet, and a beautiful light seemed to illumine her face.

'What an angel you are!' cried the young Duke, and he put his arm round her neck, and kissed her.

— Смотрите! — вдруг воскликнул один из близнецов, выглянувший в окно, чтобы проверить, в каком крыле замка находилась комната. — Смотрите! Старое высохшее миндальное дерево расцвело. Я ясно вижу цветы при лунном свете.

— Бог простил его! — сказала серьезно Виргиния, поднимаясь на ноги, и лицо ее как будто озарилось ясным, лучезарным сиянием.

— Какой вы ангел! — воскликнул молодой герцог, обнял ее и поцеловал.

Chapter VII

Four days after these curious incidents a funeral started from Canterville Chase at about eleven o'clock at night. The hearse was drawn by eight black horses, each of which carried on its head a great tuft of nodding ostrich-plumes, and the leaden coffin was covered by a rich purple pall, on which was embroidered in gold the Canterville coat-of-arms. By the side of the hearse and the coaches walked the servants with lighted torches, and the whole procession was wonderfully impressive. Lord Canterville was the chief mourner, having come up especially from Wales to attend the funeral, and sat in the first carriage along with little Virginia. Then came the United States Minister and his wife, then Washington and the three boys, and in the last carriage was Mrs. Umney. It was generally felt that, as she had been frightened by the ghost for more than fifty years of her life, she had a right to see the last of him. A deep grave had been dug in the corner of the churchyard, just under the old yew-tree, and the service was read in the most impressive manner by the Rev. Augustus Dampier.

When the ceremony was over, the servants, according to an old custom observed in the Canterville family, extinguished their torches, and, as the coffin was being lowered into the grave, Virginia stepped forward, and laid on it a large cross made of white and pink almond-blossoms. As she did so, the moon came out from

Глава VII

Четыре дня спустя после этих страшных событий, около одиннадцати часов ночи из Кентервильского замка двинулся траурный кортеж. Катафалк везли восемь вороных лошадей, с пышными страусовыми султанами на головах; свинцовый гроб был накрыт роскошным пурпуровым покровом, на котором золотом был вышит герб Кентервилей. Рядом с катафалком и траурными каретами шли с зажженными факелами слуги. Процессия производила весьма торжественное впечатление. Лорд Кентервиль, специально приехавший на похороны из Уэльса, в качестве ближайшего родственника ехал в первой карете вместе с маленькой Виргинией. Дальше ехал посол Соединенных Штатов с супругой, за ними Вашингтон и три мальчика, а в последней карете сидела миссис Эмни. Было единогласно решено, что, раз привидение пугало ее аккуратно в течение пятидесяти лет, она имела полное право проводить его до места последнего упокоения. В углу церковной ограды, под тисовым деревом, была вырыта огромная могила, а заупокойную службу очень торжественно прочитал преподобный Огастес Дампир.

Когда обряд предания земле кончился, слуги, согласно древнему обычаю, сохранившемуся в роде Кентервилей, потушили свои факелы. Когда гроб опускали в могилу, Виргиния подошла к нему и возложила на крышку большой крест из белых и розовых миндальных цветов. Когда она это сдела-

behind a cloud, and flooded with its silent silver the little churchyard, and from a distant copse a nightingale began to sing. She thought of the ghost's description of the Garden of Death, her eyes became dim with tears, and she hardly spoke a word during the drive home.

The next morning, before Lord Canterville went up to town, Mr. Otis had an interview with him on the subject of the jewels the ghost had given to Virginia. They were perfectly magnificent, especially a certain ruby necklace with old Venetian setting, which was really a superb specimen of sixteenth-century work, and their value was so great that Mr. Otis felt considerable scruples about allowing his daughter to accept them.

'My lord,' he said, 'I know that in this country mortmain[1] is held to apply to trinkets as well as to land, and it is quite clear to me that these jewels are, or should be, heirlooms in your family. I must beg you, accordingly, to take them to London with you, and to regard them simply as a portion of your property which has been restored to you under certain strange conditions. As for my daughter, she is merely a child, and has as yet, I am glad to say, but little interest in such appurtenances of idle luxury. I am also informed by Mrs. Otis, who, I may say, is no mean authority upon Art — having had the privilege of spending several winters in Boston when she was a girl — that these gems are of great monetary worth, and if offered for sale would fetch a tall price. Under these circumstances, Lord Canterville, I feel sure that you will recognise how impossible it would be for me to allow them to remain in the possession of any member of my family; and, indeed, all such vain gauds and toys, however suitable or necessary to the dignity of the British aristocracy, would be completely out of place among those who have been brought up on the severe, and I believe immortal, principles of Republican simplicity. Perhaps I should mention that Virginia is very anxious that you should allow her to retain the box, as a memento of your unfortunate but misguided ancestor. As it is extremely old, and consequently a good deal out of repair, you may perhaps think fit to comply with her request. For my own part, I confess I am a good deal surprised to find a child of mine expressing sympathy with medievalism in any form, and can only account for it by the fact that Virginia

ла, из-за тучи показалась луна и залила молчаливым серебром церковную ограду, а в далекой роще зазвучала песнь соловья. Виргиния вспомнила описанный духом Сад Смерти, и глаза ее заблестели от слез. По дороге домой она не проронила ни слова.

На следующее утро, перед тем как лорду Кентервилю вернуться в Лондон, мистер Отис имел с ним беседу по поводу драгоценностей, подаренных Виргинии привидением. Драгоценности эти были великолепны, особенно одно рубиновое ожерелье в венецианской оправе, изумительный образец работы XVI века; ценность их была так велика, что мистер Отис никак не мог решиться позволить своей дочери принять их.

— Милорд, — сказал он, — я знаю, что в вашей стране права наследства простираются как на фамильные драгоценности, так и на поместья, и мне совершенно ясно, что эти вещи принадлежат или должны принадлежать вашему роду. Поэтому я считаю своим долгом просить вас взять их с собою в Лондон и смотреть на них просто как на часть вашей собственности, которая возвращена вам при немного странных обстоятельствах. Что касается моей дочери, то она еще ребенок и пока, к счастью, могу сказать, проявляет мало интереса к подобной ненужной роскоши. Кроме того, меня поставила в известность миссис Отис (могу похвастаться, недюжинный авторитет в вопросах искусства: она в молодости имела счастье провести несколько зим в Бостоне), что эти безделушки имеют большую денежную ценность и при продаже за них можно выручить внушительную сумму. Поэтому, лорд Кентервиль, я уверен, вы поймете, что мне никак невозможно допустить, чтобы они остались во владении кого-нибудь из членов моей семьи. Да и вообще подобные бесполезные штучки, как бы ни были они необходимы для поддержания престижа великобританской аристократии, лишние для моей дочери, воспитанной на строгих и, я бы сказал, бессмертных принципах республиканской простоты. Я должен, однако, упомянуть, что Виргинии очень хотелось бы, чтобы ей позволили оставить себе шкатулку на память о вашем несчастном, заблудшем предке. Это чрезвычайно древняя и крайне потрепанная вещь, и, может быть, вы найдете возможность исполнить ее просьбу. Признаюсь, меня

was born in one of your London suburbs shortly after Mrs. Otis had returned from a trip to Athens.'

Lord Canterville listened very gravely to the worthy Minister's speech, pulling his grey moustache now and then to hide an involuntary smile, and when Mr. Otis had eked, he shook him cordially by the hand, and said, 'My dear sir, your charming little daughter rendered my unlucky ancestor, Sir Simon, a very important service, and I and my family are much indebted to her for her marvellous courage and pluck. The jewels are clearly hers, and, egad, I believe that if I were heartless enough to take them from her, the wicked old fellow would be out of his grave in a fortnight, leading me the devil of a life. As for their being heirlooms, nothing is an heirloom that is not so mentioned in a will or legal document, and the existence of these jewels has been quite unknown. I assure you I have no more claim on them than your butler, and when Miss Virginia grows up I daresay she will be pleased to have pretty things to wear. Besides, you forget, Mr. Otis, that you took the furniture and the ghost at a valuation, and anything that belonged to the ghost passed at once into your possession, as, whatever activity Sir Simon may have shown in the corridor at night, in point of law he was really dead, and you acquired his property by purchase.'

Mr. Otis was a good deal distressed at Lord Canterville's refusal, and begged him to reconsider his decision, but the good-natured peer was quite firm, and finally induced the Minister to allow his daughter to retain the present the ghost had given her, and when, in the spring of 1890, the young Duchess of Cheshire was presented at the Queen's first drawing-room on the occasion of her marriage, her jewels were the universal theme of admiration. For Virginia received the coronet[2], which is the reward of all good little American girls, and was married to her boy-lover as soon as he came of age. They were both so charming, and they loved each other so much, that every one was delighted at the

крайне удивляет, что моя дочь проявляет такой интерес к Средневековью. Могу это объяснить только тем, что Виргиния родилась в одном из ваших лондонских пригородов, вскоре после возвращения миссис Отис из поездки в Афины.

Лорд Кентервиль сосредоточенно выслушал речь почтенного посла, лишь изредка покручивая седой ус, чтобы скрыть невольную улыбку, и, когда мистер Отис кончил, крепко пожал ему руку, сказав:

— Дорогой сэр, ваша очаровательная дочь оказала моему злосчастному предку, сэру Симону, очень большую услугу, и я и моя семья чрезвычайно обязаны ей за ее похвальную смелость и мужество. Драгоценности, безусловно, должны принадлежать ей, и я искренне убежден, что было бы бессердечно отнять их у нее. Поступи я так, этот старый грешник вылезет из могилы меньше чем через две недели и отравит мне всю жизнь. Что касается того, что они являются частью майората, то вещь, о которой не упомянуто в юридическом документе, не составляет фамильной собственности, а о существовании этих драгоценностей нигде не упомянуто ни словом. Уверяю, у меня на них не больше прав, чем у вашего лакея, и я думаю, когда мисс Виргиния вырастет, ей будет приятно носить такие красивые безделушки. К тому же, мистер Отис, разве вы забыли, что купили мебель вместе с привидением, а все, что принадлежало привидению, перешло тогда же в вашу собственность; и что бы там сэр Симон ни вытворял по ночам, юридически он был мертв, и вы законно купили все его имущество.

Мистер Отис был очень расстроен отказом лорда Кентервиля и просил его хорошенько обдумать свое решение, но добродушный пэр был тверд и в конце концов уговорил посла разрешить своей дочери оставить себе подарок привидения. Когда же весной 18... года молодая герцогиня Чеширская была представлена королеве на высочайшем приеме, ее драгоценности привлекли всеобщее внимание. К тому времени Виргиния получила герцогскую корону, награду, которую получают все добронравные американские девочки, и вышла замуж за своего юного поклонника, как только он достиг совершеннолетия. Они оба были так очаровательны и так любили друг друга, что

match, except the old Marchioness of Dumbleton, who had tried to catch the Duke for one of her seven unmarried daughters, and had given no less than three expensive dinner-parties for that purpose, and, strange to say, Mr. Otis himself. Mr. Otis was extremely fond of the young Duke personally, but, theoretically, he objected to titles, and, to use his own words, 'was not without apprehension lest, amid the enervating influences of a pleasure-loving aristocracy, the true principles of Republican simplicity should be forgotten.' His objections, however, were completely overruled, and I believe that when he walked up the aisle of St. George's, Hanover Square[3], with his daughter leaning on his arm, there was not a prouder man in the whole length and breadth of England.

The Duke and Duchess, after the honeymoon was over, went down to Canterville Chase, and on the day after their arrival they walked over in the afternoon to the lonely churchyard by the pine-wood. There had been a great deal of difficulty at first about the inscription on Sir Simon's tombstone, but finally it had been decided to engrave on it simply the initials of the old gentleman's name, and the verse from the library window. The Duchess had brought with her some lovely roses, which she strewed upon the grave, and after they had stood by it for some time they strolled into the ruined chancel of the old abbey. There the Duchess sat down on a fallen pillar, while her husband lay at her feet smoking a cigarette and looking up at her beautiful eyes. Suddenly he threw his cigarette away, took hold of her hand, and said to her, 'Virginia, a wife should have no secrets from her husband.'

'Dear Cecil! I have no secrets from you.'

'Yes, you have,' he answered, smiling, 'you have never told me what happened to you when you were locked up with the ghost.'[4]

'I have never told any one, Cecil,' said Virginia gravely.

'I know that, but you might tell me.'

все были довольны их браком, кроме старой маркизы Дамблтон, которая пыталась заманить герцога для одной из своих семерых дочерей, для чего устроила три очень дорогих обеда. Как ни странно, недоволен был также и мистер Отис. Хотя он любил молодого герцога, но принципиально был врагом всяких титулов и, по его собственным словам, «опасался, что под развращающим влиянием жаждущей только наслаждения аристократии могут быть забыты основные принципы республиканской простоты». Но его удалось уговорить, и, когда он подходил к алтарю церкви Святого Георгия, что на Ганновер-сквер, ведя под руку свою дочь, во всей Англии не было человека более гордого.

Герцог и герцогиня, как только кончился медовый месяц, поехали в Кентервильский замок и на следующий день после приезда отправились пешком на пустынное кладбище у соснового бора. Сперва долго не могли выбрать надпись для могильной плиты сэра Симона, но наконец решили вырезать на ней просто инициалы его имени и те строки, что были на окне в библиотеке. Герцогиня принесла с собой букет чудесных роз, которыми осыпала могилу, и, постояв немного над нею, они вошли в полуразрушенный алтарь старинной церкви. Герцогиня села на опрокинутую колонну, а муж расположился у ее ног, куря папиросу и глядя в ее прекрасные глаза. Вдруг он отбросил папиросу, взял герцогиню за руку и сказал:

— Виргиния, у тебя не должно быть никаких тайн от мужа.

— Дорогой Сесил, у меня нет никаких тайн от тебя.

— Нет, есть, — ответил он, улыбаясь, — ты мне никогда не рассказывала, что произошло, когда ты заперлась с привидением.

— Я никогда никому этого не рассказывала, Сесил, — сказала Виргиния серьезно.

— Я знаю, но мне рассказать ты могла бы.

'Please don't ask me, Cecil, I cannot tell you. Poor Sir Simon! I owe him a great deal. Yes, don't laugh, Cecil, I really do. He made me see what Life is, and what Death signifies, and why Love is stronger than both.'

The Duke rose and kissed his wife lovingly.

'You can have your secret as long as I have your heart,' he murmured.

'You have always had that, Cecil.'

'And you will tell our children some day, won't you?'

Virginia blushed.

— Пожалуйста, не спрашивай меня, Сесил, я не могу рассказать тебе это. Бедный сэр Симон! Я ему многим обязана. Нет, не смейся, Сесил. Я действительно обязана. Он открыл мне, что такое Жизнь, и что такое Смерть, и почему Любовь сильнее Жизни и Смерти.

Герцог встал и нежно поцеловал жену.

— Ты можешь хранить свою тайну, пока твое сердце принадлежит мне, — шепнул он.

— Оно всегда было твое, Сесил.

— Но ты расскажешь когда-нибудь нашим детям? Не правда ли?

Виргиния покраснела.

Lord Arthur Savile's Crime

Преступление лорда Артура Сэвиля

Chapter I

It was Lady Windermere's last reception before Easter, and Bentinck House was even more crowded than usual. Six Cabinet Ministers had come on from the Speaker's Levée in their stars and ribands, all the pretty women wore their smartest dresses, and at the end of the picture-gallery stood the Princess Sophia of Carlsrühe, a heavy Tartar-looking lady, with tiny black eyes and wonderful emeralds, talking bad French at the top of her voice, and laughing immoderately at everything that was said to her. It was certainly a wonderful medley of people. Gorgeous peeresses chatted affably to violent Radicals, popular preachers brushed coat-tails with eminent sceptics, a perfect bevy of bishops kept following a stout prima-donna from room to room, on the staircase stood several Royal Academicians[1], disguised as artists, and it was said that at one time the supper-room was absolutely crammed with geniuses. In fact, it was one of Lady Windermere's best nights, and the Princess stayed till nearly half-past eleven.

As soon as she had gone, Lady Windermere returned to the picture-gallery, where a celebrated political economist was sol-

Глава I

Это был последний прием перед Пасхой у леди Уиндермир, и в Bentinck House собралось больше гостей, чем обыкновенно. Шесть членов кабинета приехали в своих звездах и лентах с раута у председателя Нижней Палаты, все красивые женщины были в своих лучших платьях, а в конце картинной галереи стояла принцесса София Карлсруйская, тяжеловесная, похожая на татарку дама, с маленькими черными глазами и поразительными изумрудами, которая говорила на скверном французском языке и невоздержанно смеялась в ответ на все, что ей ни говорили. Это была действительно поразительная смесь людей. Блестящие леди приветливо болтали с ярыми радикалами, популярные проповедники терлись бок о бок с известными скептиками, целое стадо епископов следовало хвостом за толстой примадонной из комнаты в комнату, на лестнице стояло несколько членов академии искусств, переодетых художниками, и даже говорили, что одно время столовая была прямо битком набита гениями. Действительно, это был один из самых удачных вечеров леди Уиндермир, и принцесса осталась почти до половины двенадцатого.

Как только она уехала, леди Уиндермир вернулась в картинную галерею, где знаменитый экономист торжественно

emnly explaining the scientific theory of music to an indignant virtuoso from Hungary, and began to talk to the Duchess of Paisley. She looked wonderfully beautiful with her grand ivory throat, her large blue forget-me-not eyes, and her heavy coils of golden hair. *Or pur*[2] they were — not that pale straw colour that nowadays usurps the gracious name of gold, but such gold as is woven into sunbeams or hidden in strange amber; and gave to her face something of the frame of a saint, with not a little of the fascination of a sinner. She was a curious psychological study. Early in life she had discovered the important truth that nothing looks so like innocence as an indiscretion; and by a series of reckless escapades, half of them quite harmless, she had acquired all the privileges of a personality. She had more than once changed her husband; indeed, Debrett[3] credits her with three marriages; but as she had never changed her lover, the world had long ago ceased to talk scandal about her. She was now forty years of age, childless, and with that inordinate passion for pleasure which is the secret of remaining young.

Suddenly she looked eagerly round the room, and said, in her clear contralto voice, 'Where is my cheiromantist?'[4]

'Your what, Gladys?' exclaimed the Duchess, giving an involuntary start.

'My cheiromantist, Duchess; I can't live without him at present.

'Dear Gladys! you are always so original,' murmured the Duchess, trying to remember what a cheiromantist really was, and hoping it was not the same as a cheiropodist[5].

'He comes to see my hand twice a week regularly,' continued Lady Windermere, 'and is most interesting about it.'

излагал научные основы музыки возмущенному виртуозу из Венгрии, и заговорила с герцогиней Пейсли. Она выглядела удивительно красиво — с великолепной шеей, словно выточенной из слоновой кости, большими цвета незабудок глазами и тяжелыми косами золотистых волос. Они были «or pur», не того соломенного цвета, который теперь присвоил себе благородное имя золота, но настоящего золота, из которого сотканы солнечные лучи или которое скрыто в редкостном янтаре. Они обрамляли ее лицо словно нимбом святой, придавая ему в то же время и очарование грешницы. Она была любопытным объектом для психологического исследования. Очень рано в своей жизни она открыла великую правду — что ничто так не похоже на невинность, как нескромность. И целым рядом легкомысленных выходок, из которых добрая половина была совершенно невинна, она добилась славы исключительности. Она не раз меняла мужей. Дёбрет даже утверждает, что она выходила трижды замуж. Но так как она ни разу не переменила любовника, то свет давно перестал злословить о ней. Ей было теперь сорок лет, она была бездетна и обладала той неудержимой страстью к наслаждению, которая есть лучшее средство, чтобы сохранить свою молодость.

Вдруг она стала беспокойно искать кого-то глазами в комнате и сказала своим чистым контральто:

— Где мой хиромант?

— Ваш... кто, Гледис? — спросила герцогиня, невольно вздрогнув.

— Мой хиромант, герцогиня. Я не могу теперь без него жить.

— Милая Гледис, как вы всегда оригинальны! — пробормотала герцогиня, стараясь вспомнить, что, собственно, такое — хиромант, и надеясь, что это не то же, что и хироподист.

— Он приходит аккуратно дважды в неделю, чтобы посмотреть на мою руку, — продолжала леди Уиндермир, — и очень заинтересован ею.

'Good heavens!' said the Duchess to herself 'he is a sort of cheiropodist after all. How very dreadful. I hope he is a foreigner at any rate. It wouldn't be quite so bad then.'

'I must certainly introduce him to you.'

'Introduce him!' cried the Duchess; 'you don't mean to say he is here?' and she began looking about for a small tortoise-shell fan and a very tattered lace shawl, so as to be ready to go at a moment's notice.

'Of course he is here, I would not dream of giving a party without him. He tells me I have a pure psychic hand, and that if my thumb had been the least little bit shorter, I should have been a confirmed pessimist, and gone into a convent.'

'Oh, I see! said the Duchess, feeling very much relieved; 'he tells fortunes, I suppose?'

'And misfortunes, too,' answered Lady Windermere, 'any amount of them. Next year, for instance, I am in great danger, both by land and sea, so I am going to live in a balloon, and draw up my dinner in a basket every evening. It is all written down on my little finger, or on the palm of my hand, I forget which.'

'But surely that is tempting Providence, Gladys.'

'My dear Duchess, surely Providence can resist temptation by this time. I think every one should have their hands told once a month, so as to know what not to do. Of course, one does it all the same, but it is so pleasant to be warned. Now, if some one doesn't go and fetch Mr. Podgers at once, I shall have to go myself.'

'Let me go, Lady Windermere,' said a tall handsome young man, who was standing by, listening to the conversation with an amused smile.

«Господи! — сказала про себя герцогиня.— Значит, это все-таки что-то в роде хироподиста. Как ужасно! Я надеюсь, что это иностранец, по крайней мере. Тогда это будет полбеды».

— Я обязательно должна вам его представить.

— Представить его мне! — вскрикнула герцогиня. — Неужели он здесь?

И она стала искать свой маленький черепаховый веер и сильно потрепанную кружевную шаль, чтобы быть готовой во всякую минуту распроститься.

— Конечно, он здесь. Мне и в голову не приходило устроить вечер без него. Он говорит мне, что у меня чисто психическая рука и что, если бы мой большой палец был чуть-чуть покороче, я сделалась бы убежденной пессимисткой и ушла бы в монастырь.

— Ах, вот оно что! — сказала герцогиня с облегчением. — Он, значит, счастье предсказывает?

— И несчастье тоже, — ответила леди Уиндермир. — Сколько хотите несчастий! Вот, например, в будущем году мне будет угрожать большая опасность, как на земле, так и на море; поэтому я буду жить в лодочке воздушного шара и буду каждое утро получать свой завтрак в корзиночке по веревке. Это все написано на моем мизинце или на ладони, я точно не помню, где.

— Но это называется испытывать Провидение, Гледис.

— Дорогая герцогиня, я уверена, Провидение теперь настолько опытно, что оно может выдержать какое угодно испытание. По-моему, каждый должен хоть раз в месяц давать свои руки на исследование, чтобы знать, чего, собственно, не надо делать. Конечно, всегда делаешь именно то, чего не надо, но так приятно заранее знать все... Ну, а если никто не отправится сию же минуту за м-ром Поджерсом, то мне придется идти самой.

— Позвольте мне пойти за ним, леди Уиндермир, — сказал высокого роста красивый молодой человек, стоявший рядом и слушавший с улыбкой разговор.

'Thanks so much, Lord Arthur; but I am afraid you wouldn't recognise him.'

'If he is as wonderful as you say, Lady Windermere, I couldn't well miss him. Tell me what he is like, and I'll bring him to you at once.'

'Well, he is not a bit like a cheiromantist. I mean he is not mysterious, or esoteric, or romantic-looking. He is a little, stout man, with a funny, bald head, and great gold-rimmed spectacles; something between a family doctor and a country attorney. I'm really very sorry, but it is not my fault. People are so annoying. All my pianists look exactly like poets, and all my poets look exactly like pianists; and I remember last season asking a most dreadful conspirator to dinner, a man who had blown up ever so many people, and always wore a coat of mail, and carried a dagger up his shirt-sleeve; and do you know that when he came he looked just like a nice old clergyman, and cracked jokes all the evening? Of course, he was very amusing, and all that, but I was awfully disappointed; and when I asked him about the coat of mail, he only laughed, and said it was far too cold to wear in England. Ah, here is Mr. Podgers! Now, Mr. Podgers, I want you to tell the Duchess of Paisley's hand. Duchess, you must take your glove off. No, not the left hand, the other.'

'Dear Gladys, I really don't think it is quite right,' said the Duchess, feebly unbuttoning a rather soiled kid glove.

'Nothing interesting ever is,' said Lady Windermere: '*on a fait le monde ainsi*[6]. But I must introduce you. Duchess, this is Mr. Podgers, my pet cheiromantist. Mr. Podgers, this is the Duchess of Paisley, and if you say that she has a larger mountain of the moon than I have, I will never believe in you again.'

'I am sure, Gladys, there is nothing of the kind in my hand,' said the Duchess gravely.

— Очень вам признательна, лорд Артур, но боюсь, что вы его не узнаете.

— Если он такой выдающийся человек, каким вы его описываете, леди Уиндермир, то я уже ни в коем случае не ошибусь. Скажите мне, какой он на вид, и я вам сейчас же его приведу.

— Ну, он совсем не похож на хироманта. У него совсем не таинственная, не эзотерическая и не романтическая наружность. Он — маленький, толстенький человек, со смешной лысой головой и в больших золотых очках, — нечто среднее между домашним доктором и провинциальным адвокатом. Мне это очень неприятно, но, право, я в этом не виновата. Люди так несносны. Все мои пианисты как две капли воды похожи на поэтов, а все мои поэты похожи на пианистов. Помню, в прошлом году я пригласила к обеду одного страшного анархиста — человека, который взорвал на воздух массу людей, который носил всегда броню под сорочкой и кинжал, спрятанный в рукаве. И что вы думаете... Когда он пришел, то оказалось, что он похож на старого пастора и умеет отпускать остроты целый вечер. Конечно, он был очень забавен, но я была ужасно разочарована. А когда я спросила его о броне, то он только засмеялся и сказал, что слишком холодно носить ее в Англии... А вот и м-р Поджерс! Знаете, м-р Поджерс, я хочу, чтобы вы прочли руку герцогини Пейсли. Герцогиня, вам надо снять перчатку. Нет, не левую, другую.

— Дорогая Гледис, но, мне кажется, это не совсем удобно, — сказала герцогиня, нерешительно расстегивая довольно грязную перчатку.

— Все интересное никогда не бывает удобно, — ответила леди Уиндермир, — on a fait le monde ainsi. Но позвольте вам его представить. Вот, герцогиня, — м-р Поджерс, мой хиромант. М-р Поджерс, — вот герцогиня Пейсли, и если вы скажете, что у нее бугор луны больше, чем у меня, то я вам больше никогда верить не буду.

— Я уверена, Гледис, что нет ничего подобного на моей руке, — сказала серьезно герцогиня.

'Your Grace is quite right,' said Mr. Podgers, glancing at the little fat hand with its short square fingers, 'the mountain of the moon is not developed. The line of life, however, is excellent. Kindly bend the wrist. Thank you. Three distinct lines on the rascette[7]! You will live to a great age, Duchess, and be extremely happy. Ambition — very moderate, line of intellect not exaggerated, line of heart...'

'Now, do be indiscreet, Mr. Podgers,' cried Lady Windermere.

'Nothing would give me greater pleasure,' said Mr. Podgers, bowing, 'if the Duchess ever had been, but I am sorry to say that I see great permanence of affection, combined with a strong sense of duty.'

'Pray go on, Mr. Podgers,' said the Duchess, looking quite pleased.

'Economy is not the least of your Grace's virtues,' continued Mr. Podgers, and Lady Windermere went off into fits of laughter.

'Economy is a very good thing,' remarked the Duchess complacently; 'when I married Paisley he had eleven castles, and not a single house fit to live in.'

'And now he has twelve houses, and not a single castle,' cried Lady Windermere.

'Well, my dear,' said the Duchess, 'I like...'

'Comfort,' said Mr. Podgers, 'and modern improvements, and hot water laid on in every bedroom. Your Grace is quite right. Comfort is the only thing our civilisation can give us.'

— Ваше сиятельство совершенно правы, — заметил м-р Поджерс, взглянув на пухлую ручку с короткими, тупыми пальцами. — Бугор луны совсем не развит, но зато линия жизни — прекрасна. Будьте любезны согнуть кисть. Благодарю вас. Три отчетливые линии на rascette! Вы проживете до преклонных лет, герцогиня, и будете чрезвычайно счастливы. Честолюбие — очень умеренное, линия ума — не чрезмерно развита, линия сердца...

— Ну, здесь будьте скромны, м-р Поджерс, — вскрикнула леди Уиндермир.

— Я был бы очень рад быть скромным, если бы рука герцогини давала к этому повод, — сказал м-р Поджерс с поклоном, — но, к сожалению, я должен сказать, что вижу только большое постоянство привязанностей и сильно развитое чувство долга.

— Продолжайте, пожалуйста, м-р Поджерс,— сказала герцогиня с довольным видом.

— Бережливость — не последняя из добродетелей вашего сиятельства, — продолжал м-р Поджерс, а леди Уиндермир разразилась хохотом.

— Бережливость — прекрасная вещь, — заметила снисходительно герцогиня. — Когда я выходила замуж за Пейсли, у него было одиннадцать замков и ни одного дома, в котором можно было бы жить.

— А теперь у него одиннадцать домов и ни одного замка, — заметила леди Уиндермир.

— Что ж, моя милая, — ответила герцогиня, — я люблю...

— Комфорт, — сказал м-р Поджерс, — и новейшие усовершенствования, и горячую воду, проведенную во все комнаты. Ваше сиятельство совершенно правы. Комфорт — это единственное, что нам может дать современная цивилизация.

'You have told the Duchess's character admirably, Mr. Podgers, and now you must tell Lady Flora's;' and in answer to a nod from the smiling hostess, a tall girl, with sandy Scotch hair, and high shoulder-blades, stepped awkwardly from behind the sofa, and held out a long, bony hand with spatulate fingers.

'Ah, a pianist! I see,' said Mr. Podgers, 'an excellent pianist, but perhaps hardly a musician. Very reserved, very honest, and with a great love of animals.'

'Quite true!' exclaimed the Duchess, turning to Lady Windermere, 'absolutely true! Flora keeps two dozen collie dogs at Macloskie, and would turn our town house into a menagerie if her father would let her.'

'Well, that is just what I do with my house every Thursday evening,' cried Lady Windermere, laughing, 'only I like lions better than collie dogs.'

'Your one mistake, Lady Windermere,' said Mr. Podgers, with a pompous bow.

'If a woman can't make her mistakes charming, she is only a female,' was the answer. 'But you must read some more hands for us. Come, Sir Thomas, show Mr. Podgers yours;' and a genial-looking old gentleman, in a white waistcoat, came forward, and held out a thick rugged hand, with a very long third finger.

'An adventurous nature; four long voyages in the past, and one to come. Been shipwrecked three times. No, only twice, but in danger of a shipwreck your next journey. A strong Conservative, very punctual, and with a passion for collecting curiosities. Had a severe illness between the ages of sixteen and eighteen. Was left a fortune when about thirty. Great aversion to cats and Radicals.'

— Вы прекрасно определили характер герцогини, м-р Поджерс; а теперь вы должны сделать то же самое для леди Флоры.

И в ответ на кивок улыбавшейся хозяйки высокая барышня с рыжими волосами и выдающимися лопатками неуклюже подошла из-за дивана и протянула длинную костлявую руку с плоскими, приплюснутыми пальцами.

— А, пианистка, как я вижу, — сказал м-р Поджерс, — прекрасная пианистка, но вряд ли хорошая музыкантша. Очень сдержанная, очень честная натура, питающая большую привязанность к животным.

— Совершенно верно, — воскликнула герцогиня, обращаясь к леди Уиндермир. — Поразительно верно! Флора у нас в имении, в Macloskie, держит целых две дюжины овчарок, и если б ей отец позволил, то она обратила бы наш городской дом в зверинец.

— Ну, я как раз делаю то же самое со своим домом каждый четверг, — заметила леди Уиндермир, улыбаясь, — только я предпочитаю львов овчаркам.

— В этом ваша единственная ошибка, — сказал м-р Поджерс с торжественным поклоном.

— Если женщина не умеет очаровать своими ошибками, то, значит, она просто-напросто самка, — был ответ. — Но вы должны прочитать нам еще несколько рук. Подите сюда, сэр Томас, покажите м-ру Поджерсу вашу руку.

Добродушный старый джентльмен подошел и протянул толстую грубую руку с очень длинным средним пальцем.

— Натура, склонная к приключениям; четыре длинных путешествия в прошлом и одно в будущем. Трижды пережили кораблекрушение... Виноват, только дважды, но вам угрожает кораблекрушение в следующее ваше путешествие. Строгий консерватор; очень пунктуальны; с большой страстью к собиранию редкостей. Перенесли серьезную болезнь между шестнадцатью и восемнадцатью годами. Получили крупное наследство около тридцати лет. Питаете большое отвращение к кошкам и радикалам.

'Extraordinary!' exclaimed Sir Thomas; 'you must really tell my wife's hand, too.'

'Your second wife's,' said Mr. Podgers quietly, still keeping Sir Thomas's hand in his. 'Your second wife's. I shall be charmed;' but Lady Marvel, a melancholy-looking woman, with brown hair and sentimental eyelashes, entirely declined to have her past or her future exposed; and nothing that Lady Windermere could do would induce Monsieur de Koloff the Russian Ambassador, even to take his gloves off. In fact, many people seemed afraid to face the odd little man with his stereotyped smile, his gold spectacles, and his bright, beady eyes; and when he told poor Lady Fermor, right out before every one, that she did not care a bit for music, but was extremely fond of musicians, it was generally felt that cheiromancy was a most dangerous science, and one that ought not to be encouraged, except in a *tête-á-tête*[8].

Lord Arthur Savile, however, who did not know anything about Lady Fermor's unfortunate story, and who had been watching Mr. Podgers with a great deal of interest, was filled with an immense curiosity to have his own hand read, and feeling somewhat shy about putting himself forward, crossed over the room to where Lady Windermere was sitting, and, with a charming blush, asked her if she thought Mr. Podgers would mind.

'Of course, he won't mind,' said Lady Windermere 'that is what he is here for. All my lions, Lord Arthur, are performing lions, and jump through hoops whenever I ask them. But I must warn you beforehand that I shall tell Sybil everything. She is coming to lunch with me to-morrow, to talk about bonnets, and if Mr. Podgers finds out that you have a bad temper, or a tendency to gout, or a wife living in Bayswater, I shall certainly let her know all about it.'

Lord Arthur smiled, and shook his head. 'I am not afraid,' he answered. 'Sybil knows me as well as I know her.'

— Поразительно! — воскликнул сэр Томас, — вы обязательно должны посмотреть еще руку жены.

— Вашей второй жены, — заметил спокойно м-р Поджерс, продолжая держать руку сэра Томаса в своей, — вашей второй жены? С удовольствием.

Но леди Марвел, грустного вида дама, с каштановыми волосами и сентиментальными глазами, наотрез отказалась позволить разоблачить свое прошлое или будущее. И несмотря на все уговоры леди Уиндермир, monsieur de Koloff, русский посланник, ни за что не соглашался снять свои перчатки. В общем, большинство как будто боялось этого странного маленького человека с его стереотипной улыбкой, золотыми очками и блестящими бисерными глазами. А когда он сказал бедной леди Фермор прямо при всех, что она ни капельки не интересуется музыкой, но очень любит музыкантов, все решили, что хиромантия — очень опасная наука, которую можно поощрять разве только при tête-á-tête.

Однако лорд Артур Сэвиль, ничего не знавший о прискорбном случае с леди Фермор и следивший с большим интересом за м-ром Поджерсом, преисполнился сильного желания дать на исследование свою руку. Немножко стесняясь напрашиваться, он перешел через комнату к месту, где сидела леди Уиндермир, и, мило покраснев, спросил ее, не будет ли иметь м-р Поджерс чего-нибудь против?

— О, конечно, ничего не будет иметь! — ответила леди Уиндермир. — Он для того и приглашен сюда. Все мои львы, лорд Артур, — дрессированные львы и прыгают через обручи, когда я им это прикажу. Но я вас заранее предупреждаю, что я все расскажу Сибилле. Она завтра приедет завтракать, чтобы поболтать о шляпах, и если м-р Поджерс откроет, что у вас скверный характер, или склонность к подагре, или жена, живущая где-нибудь в Bayswater, я ей обязательно все передам.

Лорд Артур улыбнулся и покачал головой.

— Я не боюсь, — ответил он. — Сибилла знает меня так же хорошо, как и я ее.

'Ah! I am a little sorry to hear you say that. The proper basis for marriage is a mutual misunderstanding. No, I am not at all cynical, I have merely got experience, which, however, is very much the same thing. Mr. Podgers, Lord Arthur Savile is dying to have his hand read. Don't tell him that he is engaged to one of the most beautiful girls in London, because that appeared in the *Morning Post* a month ago.'

'Dear Lady Windermere,' cried the Marchioness of Jedburgh, 'do let Mr. Podgers stay here a little longer. He has just told me I should go on the stage, and I am so interested.'

'If he has told you that, Lady Jedburgh, I shall certainly take him away. Come over at once, Mr. Podgers, and read Lord Arthur's hand.'

'Well,' said Lady Jedburgh, making a little moue as she rose from the sofa, 'if I am not to be allowed to go on the stage, I must be allowed to be part of the audience at any rate.'

'Of course; we are all going to be part of the audience,' said Lady Windermere; 'and now, Mr. Podgers, be sure and tell us something nice. Lord Arthur is one of my special favourites.'

But when Mr. Podgers saw Lord Arthur's hand he grew curiously pale, and said nothing. A shudder seemed to pass through him, and his great bushy eyebrows twitched convulsively, in an odd, irritating way they had when he was puzzled. Then some huge beads of perspiration broke out on his yellow forehead, like a poisonous dew, and his fat fingers grew cold and clammy.

Lord Arthur did not fail to notice these strange signs of agitation, and, for the first time in his life, he himself felt fear. His impulse was to rush from the room, but he restrained himself. It was better to know the worst, whatever it was, than to be left in this hideous uncertainty.

'I am waiting, Mr. Podgers,' he said.

— А, мне немного неприятно это слышать от вас. Самая подходящая основа для всякого брака — недоверие... Нет, я совсем не цинична, у меня только есть опыт, что, впрочем, одно и то же... М-р Поджерс, лорд Артур Сэвиль сгорает нетерпением, чтобы вы посмотрели его руку. Не говорите ему только, что он помолвлен с одной из самых красивых девушек в Лондоне, так как это уже было напечатано в «Morning Post» месяц тому назад.

— Дорогая леди Уиндермир, — воскликнула леди Джедберг, — не отнимайте у меня так скоро м-ра Поджерса. Он только что сказал мне, что я должна поступить на сцену, и это так интересно.

— Если он вам это сказал, леди Джедберг, я, конечно, отберу его у вас. Подойдите сюда сейчас же, м-р Поджерс, и посмотрите руку лорда Артура.

— Ну, — сказала леди Джедберг, вставая с дивана и делая слегка надутое лицо, — если вы мне не позволяете поступить на сцену, то позвольте мне сейчас быть простой зрительницей.

— Конечно, мы все будем сейчас зрителями, — сказала леди Уиндермир. — А теперь, м-р Поджерс, смотрите и расскажите нам что-нибудь приятное. Лорд Артур — один из моих особенных любимцев.

Когда м-р Поджерс взглянул на руку лорда Артура, он страшно побледнел и ничего не сказал. Легкая дрожь как будто пробежала по нему, и его густые брови конвульсивно задергались неприятным образом, как всегда бывало в таких случаях, когда он был озадачен. Потом большие капли пота выступили на его желтом лбу, словно ядовитая роса. Его толстые пальцы сделались холодными и липкими.

Лорд Артур не преминул заметить эти странные признаки волнения и первый раз в жизни ощутил невольный страх. Его первым порывом было броситься вон из комнаты, но он сдержал себя. Предпочтительно было узнать худшее, что бы это ни было, чем оставаться в такой ужасной неопределенности.

— Я жду, м-р Поджерс, — сказал он.

'We are all waiting,' cried Lady Windermere, in her quick, impatient manner, but the cheiromantist made no reply.

'I believe Arthur is going on the stage,' said Lady Jedburgh, 'and that, after your scolding, Mr. Podgers is afraid to tell him so.'

Suddenly Mr. Podgers dropped Lord Arthur's right hand, and seized hold of his left, bending down so low to examine it that the gold rims of his spectacles seemed almost to touch the palm. For a moment his face became a white mask of horror, but he soon recovered his *sang-froid*, and looking up at Lady Windermere, said with a forced smile, 'It is the hand of a charming young man.'

'Of course it is!' answered Lady Windermere, 'but will he be a charming husband? That is what I want to know.'

'All charming young men are,' said Mr. Podgers.

'I don't think a husband should be too fascinating,' murmured Lady Jedburgh pensively, 'it is so dangerous.'

'My dear child, they never are too fascinating,' cried Lady Windermere. 'But what I want are details. Details are the only things that interest. What is going to happen to Lord Arthur?'

'Well, within the next few months Lord Arthur will go a voyage —'

'Oh yes, his honeymoon, of course!'

'And lose a relative.'

'Not his sister, I hope?' said Lady Jedburgh, in a piteous tone of voice.

— Мы все ждем, — воскликнула леди Уиндермир, своей резкой нетерпеливой манерой, но хиромант ничего не ответил.

— Очевидно, Артур собирается поступить на сцену, — сказала леди Джедберг, — и после вашего замечания м-р Поджерс боится это ему сказать.

Вдруг м-р Поджерс уронил правую руку лорда Артура, схватил левую и нагнулся так низко, дабы рассмотреть ее, что золотая оправа его очков почти коснулась ладони. На мгновение лицо его превратилось в белую маску ужаса, но он быстро овладел собой и, взглянув на леди Уиндермир, с деланой улыбкой сказал:

— Это рука очаровательного молодого человека.

— Разумеется, — ответила леди Уиндермир, — но будет ли он очаровательным мужем — вот что мне хочется знать?

— Все очаровательные молодые люди бывают очаровательными мужьями, — сказал м-р Поджерс.

— Мне кажется, что муж никогда не должен быть слишком пленительным, — заметила задумчиво леди Джедберг, — это так опасно.

— Милая моя, они никогда не бывают слишком пленительными! — воскликнула леди Уиндермир. — Но я хочу знать все подробности. Единственное, что может интересовать человека, — это всякие подробности. Ну, что случится с лордом Артуром?

— Во-первых, в течение ближайших месяцев лорд Артур предпримет путешествие.

— Ну, да, свадебное турне, конечно.

— И потеряет родственницу.

— Не сестру, надеюсь? — сказала леди Джедберг жалобным тоном.

'Certainly not his sister,' answered Mr. Podgers, with a deprecating wave of the hand, 'a distant relative merely.'

'Well, I am dreadfully disappointed,' said Lady Windermere. 'I have absolutely nothing to tell Sybil tomorrow. No one cares about distant relatives nowadays. They went out of fashion years ago. However, I suppose she had better have a black silk by her; it always does for church, you know. And now let us go to supper. They are sure to have eaten everything up, but we may find some hot soup. François used to make excellent soup once, but he is so agitated about politics at present, that I never feel quite certain about him. I do wish General Boulanger[9] would keep quiet. Duchess, I am sure you are tired?'

'Not at all, dear Gladys,' answered the Duchess, waddling towards the door. 'I have enjoyed myself immensely, and the cheiropodist, I mean the cheiromantist, is most interesting. Flora, where can my tortoise-shell fan be? Oh, thank you, Sir Thomas, so much. And my lace shawl, Flora? Oh, thank you, Sir Thomas, very kind, I'm sure;' and the worthy creature finally managed to get downstairs without dropping her scent-bottle more than twice.

All this time Lord Arthur Savile had remained standing by the fireplace, with the same feeling of dread over him, the same sickening sense of coming evil. He smiled sadly at his sister, as she swept past him on Lord Plymdale's arm, looking lovely in her pink brocade and pearls, and he hardly heard Lady Windermere when she called to him to follow her. He thought of Sybil Merton, and the idea that anything could come between them made his eyes dim with tears.

Looking at him, one would have said that Nemesis[10] had stolen the shield of Pallas[11], and shown him the Gorgon's head[12]. He seemed turned to stone, and his face was like marble in its melancholy. He had lived the delicate and luxurious life of a young man of birth and fortune, a life exquisite in its freedom from sordid care, its beautiful boyish insouciance; and now for the first time

— Нет, не сестру, — ответил м-р Поджерс с презрительным жестом руки, — просто дальнюю родственницу.

— Ну, я совсем разочарована, — сказала леди Уиндермир. — Мне решительно нечего рассказать завтра Сибилле. В наши дни никто не интересуется дальними родственницами — они вышли из моды много лет тому назад. Но все-таки, я думаю, ей не мешает иметь наготове черное платье; она его может пока надевать в церковь. А теперь пойдемте ужинать. Уж, наверное, все съели, но, может быть, еще найдется немного горячего супа. Франсуа когда-то делал прекрасный суп. Но он теперь так занят политикой, что я никогда не могу за него поручиться. Если бы только генерал Буланже сидел спокойно там во Франции!.. Герцогиня, вы, наверное, очень устали?

— Совсем нет, дорогая Гледис, — ответила герцогиня, ковыляя к дверям. — Я провела очень приятный вечер, и ваш хироподист, то есть хиромант, преинтересен... Флора, куда бы мог деться мой черепаховый веер? О, благодарю вас, сэр Томас, благодарю вас. И моя кружевная накидка, Флора? О, благодарю вас, сэр Томас, вы поразительно любезны.

И почтенной особе наконец удалось спуститься по лестнице, уронив всего два раза свой флакончик с нюхательной солью.

Лорд Артур Сэвиль продолжал все время стоять у камина и не мог отделаться от охватившего его чувства страха, болезненного ощущения надвигающегося несчастья. Он грустно улыбнулся сестре, когда она, прямо очаровательная в розовой парче и жемчугах, прошла мимо него под руку с лордом Плимдэлем, и он не сразу услышал леди Уиндермир, когда та позвала его за собой. Он подумал о Сибилле Мертон, и при одной мысли, что их что-нибудь может разлучить, глаза его наполнялись слезами.

Взглянув на него, можно было подумать, что Немезида украла щит Паллады и показала ему голову Медузы. Он словно окаменел, и лицо его стало столь печальным, что оно казалось мраморным. Он до сих пор вел изнеженную и роскошную жизнь юноши знатного происхождения и со средствами — жизнь, ценную тем, что она была свободна от всяких пошлых

he became conscious of the terrible mystery of Destiny, of the awful meaning of Doom.

How mad and monstrous it all seemed! Could it be that written on his hand, in characters that he could not read himself, but that another could decipher, was some fearful secret of sin, some blood-red sign of crime? Was there no escape possible? Were we no better than chessmen, moved by an unseen power, vessels the potter fashions at his fancy, for honour or for shame?

His reason revolted against it, and yet he felt that some tragedy was hanging over him, and that he had been suddenly called upon to bear an intolerable burden.

Actors are so fortunate. They can choose whether they will appear in tragedy or in comedy, whether they will suffer or make merry, laugh or shed tears. But in real life it is different. Most men and women are forced to perform parts for which they have no qualifications. Our Guildensterns[13] play Hamlet for us, and our Hamlets have to jest like Prince Hal[14].

The world is a stage, but the play is badly cast.

Suddenly Mr. Podgers entered the room. When he saw Lord Arthur he started, and his coarse, fat face became a sort of greenish-yellow colour. The two men's eyes met, and for a moment there was silence.

'The Duchess has left one of her gloves here, Lord Arthur, and has asked me to bring it to her,' said Mr. Podgers finally. 'Ah, I see it on the sofa! Good evening.'

'Mr. Podgers, I must insist on your giving me a straightforward answer to a question I am going to put to you.'

'Another time, Lord Arthur, but the Duchess is anxious. I am afraid I must go.'

забот, прекрасную своей юношескою беспечностью; и теперь впервые он начинал осязать страшную тайну рока, ужасное значение судьбы.

Как все казалось чудовищным и безумным! Неужели возможно, что на руке его начертано знаками, которые он не мог сам прочесть, но которые мог разобрать другой, какая-то ужасная тайна, кровавое клеймо преступления? Неужели не было никакого спасения? Неужели люди лишь простые пешки, которыми играет невидимая сила? Сосуды, которые гончар предназначает по своему усмотрению для славы или для позора?

Его рассудок восставал против этого, но все же он чувствовал, что над ним нависла какая-то трагедия и что он был внезапно призван нести непосильную ношу.

Вот актеры — счастливые люди. Они могут по своему выбору выступать в трагедии или комедии, страдать или веселиться, хохотать или плакать. Но в жизни совсем другое дело. Большинству людей приходится исполнять роли, к которым они совсем не приспособлены. Наши Гильденштерны играют перед нами Гамлета, а наш Гамлет должен шутить в роли принца Галя.

Мир — сцена, но на которой роли в пьесе плохо распределены.

Вдруг м-р Поджерс вошел в комнату. Когда он увидал лорда Артура, он вздрогнул, и его вульгарное жирное лицо сделалось зеленовато-желтым. Глаза обоих мужчин встретились, и на мгновение продолжало царить молчание.

— Герцогиня забыла здесь перчатку, лорд Артур, и она меня попросила ее разыскать, — сказал наконец м-р Поджерс. — А, вот она, на диване! Покойной ночи!

— М-р Поджерс, я настаиваю на том, чтобы вы мне прямо ответили на вопрос, который я вам сейчас задам.

— В другой раз, лорд Артур, так как герцогиня ждет. Простите, мне надо идти.

'You shall not go. The Duchess is in no hurry.'

'Ladies should not be kept waiting, Lord Arthur,' said Mr. Podgers, with his sickly smile. 'The fair sex is apt to be impatient.'

Lord Arthur's finely-chiselled lips curled in petulant disdain. The poor Duchess seemed to him of very little importance at that moment. He walked across the room to where Mr. Podgers was standing, and held his hand out.

'Tell me what you saw there,' he said. 'Tell me the truth. I must know it. I am not a child.'

Mr Podgers's eyes blinked behind his gold-rimmed spectacles, and he moved uneasily from one foot to the other, while his fingers played nervously with a flash watch-chain.

'What makes you think that I saw anything in your hand, Lord Arthur, more than I told you?'

'I know you did, and I insist on your telling me what it was. I will pay you. I will give you a cheque for a hundred pounds.'

The green eyes flashed for a moment, and then became dull again.

'Guineas?'[15] said Mr. Podgers at last, in a low voice.

'Certainly. I will send you a cheque to-morrow. What is your club?'

'I have no club. That is to say, not just at present. My address is... — but allow me to give you my card;' and producing a bit of gilt-edged pasteboard from his waistcoat pocket, Mr. Podgers handed it, with a low bow, to Lord Arthur, who read on it,

— Вы не уйдете. Герцогине некуда спешить.

— Даму нельзя заставлять ждать, лорд Артур, — заметил м-р Поджерс со своей приторной улыбкой. — Прекрасный пол очень нетерпелив.

Тонкие губы лорда Артура сложились в выражение высокомерного презрения. Бедная герцогиня показалась ему в эту минуту мало стоящей внимания. Он перешел через комнату туда, где стоял м-р Поджерс, и протянул ему руку.

— Скажите мне, что вы здесь увидали, — сказал он. — Скажите мне правду. Я должен ее знать. Я не ребенок.

М-р Поджерс заморгал глазами за золотыми очками и стал беспокойно переминаться с ноги на ногу, нервно играя блестящей цепочкой от часов.

— Почему вы думаете, что я увидал что-нибудь особенное, что-нибудь другое, кроме того, что я вам уже сказал, лорд Артур?

— Я знаю, что вы видели нечто другое, и я настаиваю на том, чтобы вы мне сказали, в чем дело. Я вам за это заплачу. Я выдам вам чек на сто фунтов.

Зеленые глаза на мгновение вспыхнули, затем опять потускнели.

— Гиней! — сказал наконец м-р Поджерс тихим голосом.

— Прекрасно. Я завтра пришлю вам чек. Адрес вашего клуба?

— Я не принадлежу ни к какому клубу. То есть в настоящую минуту не принадлежу. Мой адрес следующий... Но позвольте дать вам мою карточку.

И, вынув из жилетного кармана кусок картона с золотым обрезом, м-р Поджерс протянул его с низким поклоном лорду Артуру, который на нем прочитал:

MR. SEPTIMUS R. PODGERS
Professional Cheiromantist 103a
West Moon Street

'My hours are from ten to four,' murmured Mr. Podgers mechanically, 'and I make a reduction for families.'

'Be quick,' cried Lord Arthur, looking very pale, and holding his hand out.

Mr. Podgers glanced nervously round, and drew the heavy portière across the door.

'It will take a little time, Lord Arthur, you had better sit down.'

'Be quick, sir,' cried Lord Arthur again, stamping his foot angrily on the polished floor.

Mr. Podgers smiled, drew from his breast-pocket a small magnifying glass, and wiped it carefully with his handkerchief.

'I am quite ready,' he said.

М-р Септимус Р. Поджерс.
Профессиональный Хиромант.
Вест-Мун-стрит, 103 а.

— Мои приемные часы — от десяти до четырех, — пробормотал машинально м-р Поджерс. — И семьям скидка.

— Скорее, пожалуйста, — воскликнул лорд Артур, сильно бледнея и протягивая руку.

М-р Поджерс нервно оглянулся и затянул дверь тяжелой портьерой.

— Это потребует некоторого времени, лорд Артур; вам, пожалуй, лучше сесть.

— Скорее, пожалуйста, сэр, — снова воскликнул лорд Артур, топнув нетерпеливо ногой о полированный пол.

М-р Поджерс улыбнулся, достал из жилетного кармана маленькую лупу и тщательно вытер ее платком.

— Я к вашим услугам, — сказал он.

Chapter II

Ten minutes later, with face blanched by terror, and eyes wild with grief Lord Arthur Savile rushed from Bentinck House, crushing his way through the crowd of fur-coated footmen that stood round the large striped awning, and seeming not to see or hear anything. The night was bitter cold, and the gas-lamps round the square flared and flickered in the keen wind; but his hands were hot with fever, and his forehead burned like fire.

On and on he went, almost with the gait of a drunken man. A policeman looked curiously at him as he passed, and a beggar, who slouched from an archway to ask for alms, grew frightened, seeing misery greater than his own. Once he stopped under a lamp, and looked at his hands. He thought he could detect the stain of blood already upon them, and a faint cry broke from his trembling lips.

Murder! that is what the cheiromantist had seen there. Murder! The very night seemed to know it, and the desolate wind to howl it in his ear. The dark corners of the streets were full of it. It grinned at him from the roofs of the houses.

First he came to the Park[1], whose sombre woodland seemed to fascinate him. He leaned wearily up against the railings, cool-

Глава II

Десять минут спустя, с побледневшим от ужаса лицом, с обезумевшими от горя глазами, лорд Артур Сэвиль выбежал из Bentinck House, протолкавшись через толпу одетых в меха лакеев, которые стояли под большим полосатым навесом. Он словно ничего не видел, ничего не слышал. Ночь была холодная, и огни газовых фонарей дрожали и колебались от резкого ветра; но руки его горели, словно в лихорадке, и виски его пылали огнем.

Он все шел вперед и вперед, шатаясь, словно пьяный. Полисмен посмотрел на него подозрительно, когда он проходил мимо, а нищий, выпрыгнувший из-под ворот, чтобы попросить о милостыни, испугался, увидав горе большее, чем его собственное. На мгновение он остановился под фонарем и взглянул на свои руки. Ему показалось, что он уже видел на них следы крови, и слабый крик сорвался с его дрожащих уст.

Убийство! Вот что прочитал на его руке хиромант. Убийство! Казалось, что сама ночь уже знала это, и унылый ветер кричал это в уши. Оно ему мерещилось в темных углах улицы; оно скалило ему зубы с крыш домов.

Сперва пришел он к Парку, мрачные деревья которого, казалось, приманили его. Усталый, прислонился он к ре-

ing his brow against the wet metal, and listening to the tremulous silence of the trees. 'Murder! murder!' he kept repeating, as though iteration could dim the horror of the word. The sound of his own voice made him shudder, yet he almost hoped that Echo might hear him, and wake the slumbering city from its dreams. He felt a mad desire to stop the casual passer-by, and tell him everything.

Then he wandered across Oxford Street into narrow, shameful alleys. Two women with painted faces mocked at him as he went by. From a dark courtyard came a sound of oaths and blows, followed by shrill screams, and, huddled upon a damp doorstep, he saw the crook-backed forms of poverty and eld. A strange pity came over him. Were these children of sin and misery predestined to their end, as he to his? Were they, like him, merely the puppets of a monstrous show?

And yet it was not the mystery, but the comedy of suffering that struck him; its absolute uselessness, its grotesque want of meaning. How incoherent everything seemed! How lacking in all harmony! He was amazed at the discord between the shallow optimism of the day, and the real facts of existence. He was still very young.

After a time he found himself in front of Marylebone Church[2]. The silent roadway looked like a long riband of polished silver, flecked here and there by the dark arabesques of waving shadows. Far into the distance curved the line of flickering gas-lamps, and outside a little walled-in house stood a solitary hansom[3], the driver asleep inside.

He walked hastily in the direction of Portland Place, now and then looking round, as though he feared that he was being followed. At the corner of Rich Street stood two men, reading a small bill upon a hoarding. An odd feeling of curiosity stirred him, and he crossed over. As he came near, the word 'Murder,'

шетке, охлаждая свой горячий лоб о сырой металл и прислушиваясь к шелестящему молчанию деревьев. «Убийство! Убийство!» повторял он, как будто надеясь, что повторение заглушит ужас слова. Он вздрогнул от звука своего собственного голоса и все же как будто надеялся, что эхо услышит его и разбудит уснувший город от снов. Он испытывал безумное желание остановить случайных прохожих и рассказать им все.

Потом он перешел Оксфорд-стрит и погрузился в узкие, подозрительные переулки. Две женщины с накрашенными лицами бросили ему вслед презрительную насмешку. Из темного двора раздавался шум ругани и драки, за которым следовали пронзительные крики, а на сырых ступенях какого-то подъезда увидал он сгорбленные образы бедности и старости. Им овладела какая-то странная жалость. Неужели и эти дети порока и нищеты были брошены на произвол своей судьбы точно так же, как и он? Неужели и они, как и он, были лишь марионетками какого-то огромного балагана?

И все же его поразила не тайна, но комедия страдания; абсолютная бесполезность страдания, его комичная бессмысленность. Как все казалось непонятным! Как все казалось лишенным всякой гармонии! Он был поражен противоречием между плоским оптимизмом наших дней и реальными фактами действительности. Он был еще очень молод.

Через некоторое время он очутился перед Мерильбон-Черч. Молчаливая улица была похожа на длинную ленту полированного серебра, забрызганного там и здесь темными проблесками качающихся теней. Далеко в даль тянулась извилистая линия дрожащих газовых фонарей; у маленького домика, окруженного стеной, стоял одинокий кэб со спящим кучером.

Он быстро пошел по направлению к Портлэнд-плэйс, изредка оглядываясь, словно опасаясь, что за ним следят. На углу Рич-стрит стояли двое людей, читавших афишу на заборе. Им овладело странное чувство любопытства, и он перешел к ним через дорогу. Когда он приблизился, ему бросилось в

printed in black letters, met his eye. He started, and a deep flush came into his cheek. It was an advertisement offering a reward for any information leading to the arrest of a man of medium height, between thirty and forty years of age, wearing a billy-cock hat, a black coat, and check trousers, and with a scar upon his right cheek. He read it over and over again, and wondered if the wretched man would be caught, and how he had been scarred. Perhaps, some day, his own name might be placarded on the walls of London. Some day, perhaps, a price would be set on his head also.

The thought made him sick with horror. He turned on his heel, and hurried on into the night.

Where he went he hardly knew. He had a dim memory of wandering through a labyrinth of sordid houses, of being lost in a giant web of sombre streets, and it was bright dawn when he found himself at last in Piccadilly Circus[5]. As he strolled home towards Belgrave Square[5], he met the great waggons on their way to Covent Garden[6]. The white-smocked carters, with their pleasant sunburnt faces and coarse curly hair, strode sturdily on, cracking their whips, and calling out now and then to each other; on the back of a huge grey horse, the leader of a jangling team, sat a chubby boy, with a bunch of primroses in his battered hat, keeping tight hold of the mane with his little hands, and laughing; and the great piles of vegetables looked like masses of jade against the morning sky, like masses of green jade against the pink petals of some marvellous rose. Lord Arthur felt curiously affected, he could not tell why. There was something in the dawn's delicate loveliness that seemed to him inexpressibly pathetic, and he thought of all the days that break in beauty, and that set in storm. These rustics, too, with their rough, good-humoured voices, and their nonchalant ways, what a strange London they saw! A London free from the sin of night and the smoke of day, a pallid, ghost-like city, a desolate town of tombs! He wondered what they thought of it, and whether they knew anything of its splendour and its shame, of its fierce, fiery-coloured joys, and its horrible hunger, of all it makes and mars from morn to eve. Probably it was to them merely a mart where they brought their fruits to sell, and where they tarried for a few hours at most, leaving the

глаза слово «убийство», напечатанное черными буквами. Он вздрогнул, и густой румянец покрыл его щеки. Это было объявление, обещавшее награду за свидетеля, могущего навести на след человека среднего роста от тридцати до сорока лет отроду, одетого в мягкую шляпу, черный сюртук, клетчатые брюки и со шрамом на правой щеке. Он перечитал объявление несколько раз и подумал о том, поймают ли несчастного и каким образом он получил шрам. Может быть, в один прекрасный день его имя также будет расклеено по стенам Лондона и за его голову будет назначена награда.

Одна мысль об этом наполнила его ужасом. Он повернулся и снова скрылся во тьме.

Где он бродил — он не знал. У него осталось смутное воспоминание о том, как он блуждал по лабиринту мрачных домов, о том, как он заблудился в гигантской паутине жутких улиц, и только к рассвету он очутился, наконец, на Пиккадилли. По дороге домой на Белгрев-сквер он встретил большие возы, направлявшиеся к Ковент-Гарден. Возчики в белых блузах с приятными загорелыми лицами и грубыми вьющимися волосами шли рядом с возами, хлопали бичами и изредка перекликались между собой; на спине огромной серой лошади, во главе целого цуга, сидел полнощекий мальчуган с букетом буквицы, в изодранной шляпе, хохоча и держась крепко маленькими ручками за гриву. Огромные горы овощей были похожи на скалы нефрита на фоне утреннего неба, на скалы зеленого нефрита на фоне лепестков какой-то чудесной розы. Лорд Артур был странно тронут этим, сам не зная почему. Что-то в нежной красоте рассвета казалось ему удивительно трогательным, и он подумал о всех днях, которые начинаются красотой и кончаются бурей. И эти крестьяне с их грубыми, добродушными голосами и непринужденными манерами, какой странный Лондон раскрывался перед ним! Лондон, освобожденный от пороков ночи и от дыма дня, бледный, призрачный город, пустынный город могил! Что они думали о нем и знали ли они что-нибудь о красоте и позоре этого города, о его диких красочных радостях, об ужасном голоде, царящем в нем, о всем, что рождается и умирает в нем в течение краткого дня? По всей вероятности, он был для них лишь

streets still silent, the houses still asleep. It gave him pleasure to watch them as they went by. Rude as they were, with their heavy, hobnailed shoes, and their awkward gait, they brought a little of Arcady[7] with them. He felt that they had lived with Nature, and that she had taught them peace. He envied them all that they did not know.

By the time he had reached Belgrave Square the sky was a faint blue, and the birds were beginning to twitter in the gardens.

рынком, куда они привозили продавать свои овощи и где они оставались лишь несколько часов, снова покидая улицы все еще молчаливыми, дома — спящими. Ему было приятно глядеть на этих людей, когда они проходили мимо. Грубые, в тяжелых, обитых гвоздями, сапогах, с неуклюжей походкой, они внесли с собой кусочек Аркадии. Он почувствовал, что они живут рядом с Природой и что она научила их миру. И он позавидовал всему их неведению.

Когда он дошел до Белгрев-сквер, небо окрасилось в бледно-голубой цвет, и птицы начали чирикать в садах.

Chapter III

When Lord Arthur woke it was twelve o'clock, and the midday sun was streaming through the ivory-silk curtains of his room. He got up and looked out of the window. A dim haze of heat was hanging over the great city, and the roofs of the houses were like dull silver. In the flickering green of the square below some children were flitting about like white butterflies, and the pavement was crowded with people on their way to the Park. Never had life seemed lovelier to him, never had the things of evil seemed more remote.

Then his valet brought him a cup of chocolate on a tray. After he had drunk it, he drew aside a heavy portière of peach coloured plush, and passed into the bathroom. The light stole softly from above, through thin slabs of transparent onyx, and the water in the marble tank glimmered like a moonstone. He plunged hastily in, till the cool ripples touched throat and hair, and then dipped his head right under, as though he would have wiped away the stain of some shameful memory. When he stepped out he felt almost at peace. The exquisite physical conditions of the moment had dominated him, as indeed often happens in the case of very finely-wrought natures, for the senses, like fire, can purify as well as destroy.

Глава III

Когда лорд Артур проснулся, был уж полдень, и сквозь кремовые шелковые занавески его комнаты вливались лучи яркого солнца. Он встал и выглянул в окно. Жаркая туманная мгла висела над огромным городом, и крыши домов были словно из матового серебра. Внизу на дрожащей зелени сквера порхали дети, как белые бабочки, и тротуары были запружены людьми, направлявшимися в Парк. Жизнь никогда не представлялась ему более прекрасной, и никогда не казалось ему зло столь далеким.

Лакей принес ему чашку шоколада на подносе. Выпив его, он отдернул тяжелую портьеру из плюша, цвета персика, и прошел в ванную. Свет мягко вкрадывался сверху сквозь тонкие пластинки прозрачного оникса, и вода в мраморной ванне мерцала, как лунный камень. Он быстро вошел в воду, погружаясь в холодную влагу до тех пор, пока она не коснулась его шеи и волос, тогда он окунулся с головой, словно желая смыть с себя следы каких-то позорных воспоминаний. Когда он вышел из ванны, он почувствовал себя почти успокоенным. Сладостное физическое ощущение этой минуты взяло над ним верх, как это часто бывает с очень утонченными натурами, ибо чувства, подобно огню, могут не только разрушать, но и очищать.

After breakfast, he flung himself down on a divan, and lit a cigarette. On the mantel-shelf, framed in dainty old brocade, stood a large photograph of Sybil Merton, as he had seen her first at Lady Noel's ball. The small, exquisitely-shaped head drooped slightly to one side, as though the thin, reed-like throat could hardly bear the burden of so much beauty; the lips were slightly parted, and seemed made for sweet music; and all the tender purity of girlhood looked out in wonder from the dreaming eyes. With her soft, clinging dress of crêpe-de-chine, and her large leaf-shaped fan, she looked like one of those delicate little figures men find in the olive-woods near Tanagra[1]; and there was a touch of Greek grace in her pose and attitude. Yet she was not petite[2]. She was simply perfectly proportioned — a rare thing in an age when so many women are either over life-size or insignificant.

Now as Lord Arthur looked at her, he was filled with the terrible pity that is born of love. He felt that to marry her, with the doom of murder hanging over his head, would be a betrayal like that of Judas, a sin worse than any the Borgia[3] had ever dreamed of. What happiness could there be for them, when at any moment he might be called upon to carry out the awful prophecy written in his hand? What manner of life would be theirs while Fate still held this fearful fortune in the scales? The marriage must be postponed, at all costs. Of this he was quite resolved. Ardently though he loved the girl, and the mere touch of her fingers, when they sat together, made each nerve of his body thrill with exquisite joy, he recognised none the less clearly where his duty lay, and was fully conscious of the fact that he had no right to marry until he had committed the murder. This done, he could stand before the altar with Sybil Merton, and give his life into her hands without terror of wrongdoing. This done, he could take her to his arms, knowing that she would never have to blush for him, never have to hang her head in shame. But done it must be first; and the sooner the better for both.

После завтрака он вытянулся на диване и закурил папиросу. На полке над камином, в раме из великолепной старой парчи, стояла большая фотография Сибиллы Мертон в том виде, в каком он ее увидал впервые на балу у леди Ноэль. Маленькая, тонко очерченная головка была слегка наклонена на один бок, как будто нежная, стройная, как тростинка, шея не в силах была нести тяжести всей этой красоты. Губы были слегка раскрыты и, казалось, были созданы для сладкой музыки, а из мечтательных глаз удивленно глядела вся нежная чистота девичества. В своем мягком, плотно облегающем тело платье из crêpe de chine и с большим листообразным веером в руках, она походила на одну из тех нежных маленьких статуэток, которые люди находят в оливковых рощах около Танагры, и во всей ее осанке и позе была чисто греческая прелесть. Все же она не была миниатюрной, она была просто-напросто идеально сложена — редкое явление в нашем веке, когда большинство женщин или сверхъестественного роста, или совершенно незаметны.

Когда теперь лорд Артур взглянул на нее, им овладело чувство ужасной жалости, которую рождает любовь. Он почувствовал, что жениться на ней, с тяготеющим над ним призраком, было бы равно предательству Иуды, было бы преступлением более страшным, чем когда-либо снившееся Борджиа. Какое могло их ожидать счастье, если в любую минуту его могут призвать исполнить страшное пророчество, начертанное на его руке? Какая может их ожидать жизнь, пока судьба еще держит свой ужасный приговор на весах? Свадьбу во что бы то ни стало нужно отложить. Он это окончательно решил. Хотя он горячо любил девушку и одно прикосновение ее пальцев пронизывало все его тело чудесной радостью, все же он не менее ясно сознавал свой долг и то, что он не имеет права жениться, прежде чем он не совершит убийства. Когда оно будет совершено, он может смело подойти к алтарю с Сибиллой Мертон и отдать свою жизнь в ее руки, не боясь сделать ее несчастной. Когда оно будет совершено, он должен смело принять ее в свои объятия, зная, что ей никогда не придется за него краснеть, никогда не придется опустить голову от стыда. Но сперва нужно совершить то, и чем скорее, тем лучше для обоих.

Many men in his position would have preferred the primrose path of dalliance to the steep heights of duty; but Lord Arthur was too conscientious to set pleasure above principle. There was more than mere passion in his love; and Sybil was to him a symbol of all that is good and noble. For a moment he had a natural repugnance against what he was asked to do, but it soon passed away. His heart told him that it was not a sin, but a sacrifice; his reason reminded him that there was no other course open. He had to choose between living for himself and living for others, and terrible though the task laid upon him undoubtedly was, yet he knew that he must not suffer selfishness to triumph over love. Sooner or later we are all called upon to decide on the same issue — of us all, the same question is asked. To Lord Arthur it came early in life — before his nature had been spoiled by the calculating cynicism of middle-age, or his heart corroded by the shallow, fashionable egotism of our day, and he felt no hesitation about doing his duty. Fortunately also, for him, he was no mere dreamer, or idle dilettante. Had he been so, he would have hesitated, like Hamlet, and let irresolution mar his purpose. But he was essentially practical. Life to him meant action, rather than thought. He had that rarest of all things, common sense.

The wild, turbid feelings of the previous night had by this time completely passed away, and it was almost with a sense of shame that he looked back upon his mad wanderings from street to street, his fierce emotional agony. The very sincerity of his sufferings made them seem unreal to him now. He wondered how he could have been so foolish as to rant and rave about the inevitable. The only question that seemed to trouble him was, whom to make away with; for he was not blind to the fact that murder, like the religions of the Pagan world, requires a victim as well as a priest. Not being a genius, he had no enemies, and indeed he felt that this was not the time for the gratification of any personal pique or dislike, the mission in which he was engaged being one of great and grave solemnity. He accordingly made out a list of his friends and relatives on a sheet of notepaper, and after careful considera-

Многие на его месте предпочли бы крутым вершинам долга усыпанный цветами путь отсрочек; но лорд Артур был слишком добросовестен, чтобы ставить наслаждение выше принципов. В его любви было нечто большее, чем страсть; а Сибилла была для него символом всего, что прекрасно и благородно. На мгновение он почувствовал естественное отвращение к тому, что от него требовалось совершить, но оно скоро прошло. Сердце подсказывало ему, что это не грех, а жертва; разум напоминал ему, что не было другого пути. Ему приходилось выбирать между жизнью для себя и жизнью для других, и хотя, несомненно, задача, возложенная на него, была ужасна, но все же он знал, что нельзя позволить эгоизму взять верх над любовью. Мы все раньше или позже призваны решать такую же дилемму, нам всем задается такой же вопрос. Лорду Артуру он был предложен рано в жизни, когда его натура еще не успела быть испорченной расчетливым цинизмом зрелости, когда сердце его не успело быть разъеденным мелочным модным эгоизмом наших дней — и он не колебался исполнить свой долг. К счастью для него, он не был к тому же ни обыкновенным мечтателем, ни праздным дилетантом. Если б он был таковым, он колебался бы, как Гамлет, и дал бы нерешительности разрушить его планы. Но он был крайне практичен. Жизнь для него значила действие, а не мысль. Он обладал редчайшим из качеств — здравым смыслом.

Дикие, беспокойные переживания предыдущей ночи к этому времени окончательно улеглись, и он почти с чувством стыда вспоминал о своих вчерашних блужданиях по улицам, о своих ужасных мучениях. Сама искренность его страданий делала их теперь для него почти не существовавшими. Он спрашивал себя, как мог он быть столь глупым, чтобы рвать и метать из-за того, чего нельзя избегнуть. Единственное, что, казалось, смущало его, было — кого убить? Он ясно сознавал, что убийство, как и религия языческого мира, требует кроме жреца и жертвы. Не будучи гением, он не имел врагов, да и, кроме того, он чувствовал, что не время было сводить какие-нибудь личные счеты, так как дело, на которое он был призван, было слишком серьезно и значительно. Поэтому он выписал на лист почтовой бумаги список своих друзей и родственников и после

tion, decided in favour of Lady Clementina Beauchamp, a dear old lady who lived in Curzon Street, and was his own second cousin by his mother's side. He had always been very fond of Lady Clem, as every one called her, and as he was very wealthy himself, having come into all Lord Rugby's property when he came of age, there was no possibility of his deriving any vulgar monetary advantage by her death. In fact, the more he thought over the matter, the more she seemed to him to be just the right person, and, feeling that any delay would be unfair to Sybil, he determined to make his arrangements at once.

The first thing to be done was, of course, to settle with the cheiromantist; so he sat down at a small Sheraton writing-table that stood near the window, drew a cheque for £105, payable to the order of Mr. Septimus Podgers, and, enclosing it in an envelope, told his valet to take it to West Moon Street. He then telephoned to the stables for his hansom, and dressed to go out.

As he was leaving the room, he looked back at Sybil Merton's photograph, and swore that, come what may, he would never let her know what he was doing for her sake, but would keep the secret of his self-sacrifice hidden always in his heart.

On his way to the Buckingham, he stopped at a florist's, and sent Sybil a beautiful basket of narcissi, with lovely white petals and staring pheasants' eyes, and on arriving at the club, went straight to the library, rang the bell, and ordered the waiter to bring him a lemon-and-soda, and a book on Toxicology. He had fully decided that poison was the best means to adopt in this troublesome business. Anything like personal violence was extremely distasteful to him, and besides, he was very anxious not to murder Lady Clementina in any way that might attract public attention, as he hated the idea of being lionised at Lady Windermere's, or seeing his name figuring in the paragraphs of vulgar society-newspapers. He had also to think of Sybil's father and mother, who were rather old-fashioned people, and might possibly object to the marriage if there was anything like a scandal, though he felt certain that if he told them the whole facts of the case they

долгих размышлений решил вопрос в пользу леди Клементины Бошан, слабой старой дамы, жившей на Керзен-стрит и приходившейся ему троюродной сестрой по линии матери. Он всегда очень любил леди Клем, как ее все называли; и так как он сам быль очень богат, получив по достижении совершеннолетия все наследство, оставленное лордом Рёгби, то не могло быть речи о каких-нибудь вульгарных материальных расчетах, связанных с ее смертью. И чем больше он размышлял об этом, тем все более представлялась ему леди Клем наиболее подходящим объектом, и, сознавая, что всякая задержка являлась несправедливостью по отношению к Сибилле, он решил немедленно заняться всеми приготовлениями.

Первым делом, конечно, нужно было покончить с хиромантом. Он сел за маленький письменный стол, стоявший у окна, написал чек на сто пять фунтов стерлингов, и, вложив его в конверт, велел лакею отнести его на Вест-Мун-стрит. Потом он заказал по телефону свой экипаж и начал одеваться.

Выходя из комнаты, он еще раз взглянул на портрет Сибиллы Мертон и поклялся, что ни в каком случае она не узнает того, что он делает ради нее, и что он сохранит навсегда в глубине сердца тайну своего самопожертвования.

По дороге к Букингемскому клубу он заехал в цветочный магазин и послал Сибилле великолепную корзину нарциссов с прекрасными белыми лепестками и пестиками, похожими на глаза фазанов... Приехав в клуб, он прошел прямо в библиотеку, позвонил, велел лакею подать ему содовую с лимоном и какую-нибудь книжку по токсикологии. Он окончательно решил, что яд представлялся наилучшим средством в этом трудном деле. Всякий вид непосредственного физического воздействия вызывал у него отвращение, да и, кроме того, ему не хотелось совершить убийство леди Клементины при таких условиях, которые могли бы привлечь к нему внимание общества. Главным образом его пугала мысль сделаться одним из львов леди Уиндермир или увидать свое имя на столбцах уличных листков. К тому же ему надо было еще подумать об отце и матери Сибиллы, которые были людьми немного старомодны-

would be the very first to appreciate the motives that had actuated him. He had every reason, then, to decide in favour of poison. It was safe, sure, and quiet, and did away with any necessity for painful scenes, to which, like most Englishmen, he had a rooted objection.

Of the science of poisons, however, he knew absolutely nothing, and as the waiter seemed quite unable to find anything in the library but *Ruff's Guide* and *Bailey's Magazine*,[4] he examined the bookshelves himself, and finally came across a handsomely-bound edition of the *Pharmacopeia*, and a copy of Erskine's *Toxicology*, edited by Sir Mathew Reid, the President of the Royal College of Physicians, and one of the oldest members of the Buckingham, having been elected in mistake for somebody else; a contretemps that so enraged the Committee, that when the real man came up they black-balled him unanimously. Lord Arthur was a good deal puzzled at the technical terms used in both books, and had begun to regret that he had not paid more attention to his classics[5] at Oxford, when in the second volume of Erskine, he found a very complete account of the properties of aconitine, written in fairly clear English. It seemed to him to be exactly the poison he wanted. It was swift — indeed, almost immediate, in its effect — perfectly painless, and when taken in the form of a gelatine capsule, the mode recommended by Sir Mathew, not by any means unpalatable. He accordingly made a note, upon his shirt-cuff of the amount necessary for a fatal dose, put the books back in their places, and strolled up St. James's Street, to Pestle and Humbey's, the great chemists. Mr. Pestle, who always attended personally on the aristocracy, was a good deal surprised at the order, and in a very deferential manner murmured something about a medical certificate being necessary. However, as soon as Lord Arthur explained to him that it was for a large Norwegian mastiff that he was obliged to get rid of, as it showed signs of incipient rabies, and had already bitten the coachman twice in the calf of the leg, he expressed himself as being perfectly satisfied, complimented Lord Arthur on his wonderful knowledge of Toxicology, and had the prescription made up immediately.

ми и могли бы воспротивиться браку, если бы ему предшествовал какой-нибудь скандал; хотя он был уверен, что если бы он им рассказал все подробности дела, они первые одобрили бы соображения, руководившие им. Таким образом, все говорило в пользу яда. Это было безопаснее, вернее и спокойнее всего и избавляло от всяких тяжелых сцен, к которым у него, как у всякого англичанина, было врожденное отвращение.

Но о науке ядов он почти ничего не знал, и, так как лакей не был в состоянии отыскать ничего, кроме Ruff's Guide и Baily's Magazine, он сам занялся исследованием книжных полок и, наконец, сам наткнулся на роскошно переплетенную «Фармакопею» и на экземпляр «Токсикологии» Эрскина, изданной сэром Мэтью Редом, Председателем Королевского Общества Врачей, одним из старейших членов Букингемского клуба, в который тот был избран по ошибке; это недоразумение так взбесило комитет клуба, что, когда подвернулся настоящий кандидат, его единогласно прокатили на вороных. Лорд Артур был очень озадачен техническими терминами, встречавшимися в обеих книгах, и начал было жалеть, что он так невнимательно занимался классическими языками в Оксфорде, когда вдруг во втором томе книги Эрскина он нашел крайне интересное и полное описание свойств аконитина, написанное на довольно вразумительном английском языке. Это показалось ему ядом, наиболее подходящим к его цели. Он действовал быстро, даже почти мгновенно, совсем безболезненно, и если его принять в желатиновой капсуле, как советовал сэр Мэтью, он был совершенно удобоварим. Он записал на манжете количество, необходимое для смертельной дозы, положил книги на свои места и направился по Сент Джемс-стрит к «Пестль и Гемби», знаменитой аптеке. М-р Пестль, который всегда лично отпускал товар аристократии, был очень удивлен требованием и очень вежливым тоном пробормотал что-то о необходимости иметь рецепт, подписанный врачом. Но как только лорд Артур объяснил ему, что яд ему нужен был для большого норвежского дога, от которого он хотел отделаться, так как он проявлял признаки начинавшегося бешенства и уже укусил кучера дважды за икры, то м-р Пестль был совершенно удовлетворен и, поздравив лорда Артура с его поразительными познаниями в области токсикологии, велел сейчас же приготовить заказанный яд.

Lord Arthur put the capsule into a pretty little silver bonbonnière that he saw in a shop-window in Bond Street, threw away Pestle and Humbey's ugly pill-box, and drove off at once to Lady Clementina's.

'Well, *monsieur le mauvais sujet,*'[6] cried the old lady, as he entered the room, 'why haven't you been to see me all this time?'

'My dear Lady Clem, I never have a moment to myself,' said Lord Arthur, smiling.

'I suppose you mean that you go about all day long with Miss Sybil Merton, buying chiffons and talking nonsense? I cannot understand why people make such a fuss about being married. In my day we never dreamed of billing and cooing in public, or in private for that matter.'

'I assure you I have not seen Sybil for twenty-four hours, Lady Clem. As far as I can make out, she belongs entirely to her milliners.'

'Of course; that is the only reason you come to see an ugly old woman like myself. I wonder you men don't take warning. *On a fait des folies pour moi,*[7] and here I am, a poor, rheumatic creature, with a false front and a bad temper. Why, if it were not for dear Lady Jansen, who sends me all the worst French novels she can find, I don't think I could get through the day. Doctors are no use at all, except to get fees out of one. They can't even cure my heartburn.'

'I have brought you a cure for that, Lady Clem,' said Lord Arthur gravely. 'It is a wonderful thing, invented by an American.'

'I don't think I like American inventions, Arthur. I am quite sure I don't. I read some American novels lately, and they were quite nonsensical.'

Лорд Артур положил капсулу в хорошенькую серебряную бонбоньерку, которую он купил в магазине на Бон-стрит, выкинул безобразную аптекарскую коробку и поехал сейчас же к леди Клементине.

— A! monsieur le mauvais sujet, — воскликнула старая дама, когда он вошел в комнату. — Почему вы так давно не были у меня?

— Дорогая леди Клем, у меня ни минуты не остается для себя, — ответил лорд Артур, улыбаясь.

— Очевидно, вы хотите сказать, что вы целый день бегаете по городу с мисс Сибиллой Мертон, покупая тряпки и болтая разный вздор? Я не понимаю, почему люди так возятся со своими свадьбами. В мое время нам никогда в голову не приходило так носиться друг с другом на глазах у всех или даже наедине.

— Уверяю вас, леди Клем, я не видел Сибиллу вот уже двадцать четыре часа. Поскольку я знаю, она теперь всецело во власти своих портних...

— Ну, конечно, вот только потому вы и приходите навестить такую безобразную старуху, как я. Удивляюсь, как это я не являюсь предостережением для вас, мужчин. On a fait des folies pour moi и вот я теперь только старое, ревматичное существо с фальшивыми волосами и отвратительным характером. Если б только не дорогая леди Джансен, которая присылает мне все самые скверные французские романы, какие она только может найти, я не знаю, как я могла бы выдержать и один день. Доктора все никуда не годятся, разве только чтобы вытягивать гонорар. Они даже не могут вылечить меня от изжоги.

— Я привез вам средство от вашей изжоги, леди Клем, — сказал лорд Артур серьезно.— Это чудесное средство, изобретенное американцем.

— Мне кажется, что я не очень люблю американские изобретения, Артур. Я даже уверена, что я их не люблю. Я прочитала несколько американских романов недавно, и это была сплошная глупость.

'Oh, but there is no nonsense at all about this, Lady Clem! I assure you it is a perfect cure. You must promise to try it;' and Lord Arthur brought the little box out of his pocket, and handed it to her.

'Well, the box is charming, Arthur. Is it really a present? That is very sweet of you. And is this the wonderful medicine? It looks like a bonbon. I'll take it at once.'

'Good heavens! Lady Clem,' cried Lord Arthur, catching hold of her hand, 'you mustn't do anything of the kind. It is a homoeopathic medicine, and if you take it without having heartburn, it might do you no end of harm. Wait till you have an attack, and take it then. You will be astonished at the result.'

'I should like to take it now,' said Lady Clementina, holding up to the light the little transparent capsule, with its floating bubble of liquid aconitine. 'I am sure it is delicious. The fact is that, though I hate doctors, I love medicines. However, I'll keep it till my next attack.'

'And when will that be?' asked Lord Arthur eagerly. 'Will it be soon?'

'I hope not for a week. I had a very bad time yesterday morning with it. But one never knows.'

'You are sure to have one before the end of the month then, Lady Clem?'

'I am afraid so. But how sympathetic you are to-day, Arthur! Really, Sybil has done you a great deal of good. And now you must run away, for I am dining with some very dull people, who won't talk scandal, and I know that if I don't get my sleep now I shall never be able to keep awake during dinner. Good-bye, Arthur, give my love to Sybil, and thank you so much for the American medicine.'

'You won't forget to take it, Lady Clem, will you?' said Lord Arthur, rising from his seat.

— О, здесь никакой глупости не может быть, леди Клем! Уверяю вас, это самое верное средство. Вы должны обещать мне попробовать его, — и лорд Артур достал коробочку из кармана и протянул ее ей.

— Коробочка, по крайней мере, очаровательна, Артур. Это подарок? Как мило с вашей стороны. И это ваше чудесное лекарство? Оно похоже на конфету. Я сейчас же его приму.

— Боже сохрани, леди Клем! — воскликнул лорд Артур, схватив ее за руку. — Нельзя так делать. Это гомеопатическое средство, и если вы его примете, не чувствуя изжоги, оно вам может бесконечно повредить. Подождите, когда у вас будет приступ, тогда примите его. Вы будете поражены результатом.

— Я хотела бы его сейчас принять, — сказала леди Клементина, поднимая к свету маленькую прозрачную капсулу с каплей жидкого аконитина. — Я уверена, что оно превкусное. Признаться, я хоть и ненавижу докторов, но люблю всякие лекарства. Все-таки я его оставлю до следующего приступа.

— А когда это будет? — спросил нетерпеливо лорд Артур. — Скоро?

— Надеюсь, что не раньше, как через неделю. Я вчера еще только провела прескверное утро. Но никогда нельзя знать.

— Вы, значит, уверены, что у вас будет приступ до конца месяца, леди Клем?

— Боюсь, что да. Но как вы сегодня внимательны, Артур. На вас сильно заметно хорошее влияние Сибиллы. А теперь убегайте, так как я сегодня обедаю с очень скучными людьми, которые не будут сплетничать, и я знаю, что если я сейчас не высплюсь, то я засну за обедом. Прощайте, Артур. Привет Сибилле и большое вам спасибо за американское лекарство.

— Так вы не забудете принять лекарство, леди Клем? — сказал лорд Артур, вставая.

'Of course I won't, you silly boy. I think it is most kind of you to think of me, and I shall write and tell you if I want any more.'

Lord Arthur left the house in high spirits, and with a feeling of immense relief.

That night he had an interview with Sybil Merton. He told her how he had been suddenly placed in a position of terrible difficulty, from which neither honour nor duty would allow him to recede. He told her that the marriage must be put off for the present, as until he had got rid of his fearful entanglements, he was not a free man. He implored her to trust him, and not to have any doubts about the future. Everything would come right, but patience was necessary.

The scene took place in the conservatory of Mr. Merton's house, in Park Lane, where Lord Arthur had dined as usual. Sybil had never seemed more happy, and for a moment Lord Arthur had been tempted to play the coward's part, to write to Lady Clementina for the pill, and to let the marriage go on as if there was no such person as Mr. Podgers in the world. His better nature, however, soon asserted itself, and even when Sybil flung herself weeping into his arms, he did not falter. The beauty that stirred his senses had touched his conscience also. He felt that to wreck so fair a life for the sake of a few months' pleasure would be a wrong thing to do.

He stayed with Sybil till nearly midnight, comforting her and being comforted in turn, and early the next morning he left for Venice, after writing a manly, firm letter to Mr. Merton about the necessary postponement of the marriage.

— Конечно, нет, глупый мальчик. Так мило с вашей стороны помнить обо мне. Я напишу вам, если мне еще понадобится ваше лекарство.

Лорд Артур вышел из дома леди Клем в прекрасном настроении и с чувством огромного облегчения.

В тот же вечер он имел длинную беседу с Сибиллой Мертон. Он сказал ей, что он внезапно очутился в чрезвычайно затруднительном положении, отступить от которого ему не позволяли ни честь, ни долг. Он сказал ей, что свадьба должна быть на время отложена, так как, пока он не выпутается из этого ужасного положения, он не свободен. Он умолял ее довериться ему и не сомневаться в будущем. Все в конце концов уладится, но нужно иметь терпение.

Эта сцена произошла в оранжерее дома Мертонов на Парк-Лэйн, где лорд Артур обедал по обыкновению. Сибилла никогда не казалась более счастливой, и на мгновение лорд Артур чуть было не поддался искушению сыграть роль труса и написать леди Клементине, чтобы она вернула пилюлю, и решил не расстраивать свадьбу, как будто не существовало на свете какого-то м-ра Поджерса. Но лучшая сторона его натуры все же скоро взяла верх, и даже когда Сибилла бросилась ему в объятия, вся в слезах, он остался тверд. Красота, которая так возбуждала его чувства, возбудила и его совесть. Он сознавал, что было бы грешно разбить столь прекрасную жизнь ради нескольких месяцев наслаждения.

Он остался с Сибиллой почти до полуночи, утешая ее и получая, в свою очередь, утешение. А рано на следующее утро он уехал в Венецию, предварительно написав мужественное решительное письмо м-ру Мертону о необходимости отсрочить свадьбу.

Chapter IV

In Venice he met his brother, Lord Surbiton, who happened to have come over from Corfu[1] in his yacht. The two young men spent a delightful fortnight together. In the morning they rode on the Lido[2], or glided up and down the green canals in their long black gondola; in the afternoon they usually entertained visitors on the yacht; and in the evening they dined at Florian's, and smoked innumerable cigarettes on the Piazza. Yet somehow Lord Arthur was not happy. Every day he studied the obituary column in the *Times*, expecting to see a notice of Lady Clementina's death, but every day he was disappointed. He began to be afraid that some accident had happened to her, and often regretted that he had prevented her taking the aconitine when she had been so anxious to try its effect. Sybil's letters, too, though full of love, and trust, and tenderness, were often very sad in their tone, and sometimes he used to think that he was parted from her for ever.

After a fortnight Lord Surbiton got bored with Venice, and determined to run down the coast to Ravenna, as he heard that there was some capital cock-shooting in the Pinetum. Lord Arthur, at first, refused absolutely to come, but Surbiton, of whom he was extremely fond, finally persuaded him that if he stayed at Danielli's by himself he would be moped to death, and on the

Глава IV

В Венеции он встретился со своим братом, лордом Сербитоном, который только что прибыл из Корфу на своей яхте. Молодые люди провели прекрасно вместе время в течение двух недель. По утрам они катались на Лидо или скользили в своей длинной черной гондоле по зеленым каналам; после завтрака они обыкновенно принимали гостей на яхте, а вечером они обедали у Флорана и выкуривали бесчисленное количество папирос на Пиацце. Все же лорд Артур не был счастлив. Он каждый день внимательно изучал столбцы покойников в «Таймс», ожидая встретить известие о смерти леди Клементины, — каждый день его ждало разочарование. Он начал опасаться, не случилось ли какой-нибудь ошибки, и не раз пожалел, что не позволил ей принять аконитин тогда, когда она так нетерпеливо хотела испытать его целебные свойства. Кроме того, письма Сибиллы, хотя всегда полные любви, веры и нежности, были часто очень печальными по тону, и временами ему начинало казаться, что они были разлучены навсегда.

Спустя две недели лорду Сербитону надоела Венеция, и он решил проехаться на яхте вдоль берегов Италии до Равенны, в окрестностях которой, как он слышал, была прекрасная охота на куликов. Сначала лорд Артур решительно отказался ехать, но Сербитон, которого он очень любил, сумел окончательно убедить его, что, если он останется один в отеле Даниелли, он

morning of the 15th they started, with a strong nor'-east wind blowing, and a rather sloppy sea. The sport was excellent, and the free, open-air life brought the colour back to Lord Arthur's cheeks, but about the 22nd he became anxious about Lady Clementina, and, in spite of Surbiton's remonstrances, came back to Venice by train.

As he stepped out of his gondola on to the hotel steps, the proprietor came forward to meet him with a sheaf of telegrams. Lord Arthur snatched them out of his hand, and tore them open. Everything had been successful. Lady Clementina had died quite suddenly on the night of the 17th!

His first thought was for Sybil, and he sent her off a telegram announcing his immediate return to London. He then ordered his valet to pack his things for the night mail, sent his gondoliers about five times their proper fare, and ran up to his sitting-room with a light step and a buoyant heart. There he found three letters waiting for him. One was from Sybil herself, full of sympathy and condolence. The others were from his mother, and from Lady Clementina's solicitor[3]. It seemed that the old lady had dined with the Duchess that very night, had delighted every one by her wit and esprit, but had gone home somewhat early, complaining of heartburn. In the morning she was found dead in her bed, having apparently suffered no pain. Sir Mathew Reid had been sent for at once, but, of course, there was nothing to be done, and she was to be buried on the 22nd at Beauchamp Chalcote. A few days before she died she had made her will, and left Lord Arthur her little house in Curzon Street, and all her furniture, personal effects, and pictures, with the exception of her collection of miniatures, which was to go to her sister, Lady Margaret Rufford and her amethyst necklace, which Sybil Merton was to have. The property was not of much value; but Mr. Mansfield the solicitor was extremely anxious for Lord Arthur to return at once, if possible, as there were a great many bills to be paid, and Lady Clementina had never kept any regular accounts.

умрет от тоски; и утром пятнадцатого числа он тронулись при сильном северо-восточном ветре и довольно неспокойном море. Охота была прекрасная, и жизнь на открытом воздухе снова вызвала краску на щеках лорда Артура. Но к двадцать второму числу он снова начал беспокоиться о леди Клементине, и, невзирая на увещания Сербитона, вернулся по железной дороге в Венецию.

Как только он сошел с гондолы на ступеньки гостиницы, к нему выбежал навстречу хозяин с целой пачкой телеграмм. Лорд Артур выхватил у него из рук и с нетерпением распечатал их. Все удалось как нельзя лучше. Леди Клементина внезапно скончалась в ночь на восемнадцатое число.

Первая мысль его была о Сибилле, и он послал ей телеграмму, извещая о своем немедленном возвращении в Лондон. Потом он приказал лакею уложить вещи к ночному поезду, заплатив гондольерам в пять раз больше, чем следовало, и с радостным сердцем легкими шагами вбежал к себе в комнату. Там он нашел три письма. Одно было от Сибиллы с соболезнованиями и утешениями, другие два были от матери его и от поверенного леди Клементины. Оказалось, что старая дама в день перед смертью обедала с герцогиней, очаровала всех своим остроумием, но ушла домой довольно рано, жалуясь на изжогу. Утром ее нашли в постели мертвой, очевидно, она умерла безболезненно. Немедленно послали за сэром Матью Рэдом, но, разумеется, он ничего уже не мог сделать; хоронить леди Клементину должны были двадцать второго в ее имении. За несколько дней до смерти она составила завещание, по которому лорд Артур должен был получить ее домик на Кёрзен-стрит, всю ее мебель и имущество и картины, за исключением коллекции миниатюр, которая была завещана ее сестре леди Маргарет Рёффорт, и колье из аметистов, которое должно было перейти к Сибилле Мертон. Наследство не было особенно ценно, но м-ру Мансфильду, поверенному леди Клементины, очень хотелось, чтобы лорд Артур вернулся, по возможности немедленно, так как осталось много неоплаченных счетов благодаря неаккуратности покойной.

Lord Arthur was very much touched by Lady Clementina's kind remembrance of him, and felt that Mr. Podgers had a great deal to answer for. His love of Sybil, however, dominated every other emotion, and the consciousness that he had done his duty gave him peace and comfort. When he arrived at Charing Cross[4], he felt perfectly happy.

The Mertons received him very kindly, Sybil made him promise that he would never again allow anything to come between them, and the marriage was fixed for the 7th June. Life seemed to him once more bright and beautiful, and all his old gladness came back to him again.

One day, however, as he was going over the house in Curzon Street, in company with Lady Clementina's solicitor and Sybil herself, burning packages of faded letters, and turning out drawers of odd rubbish, the young girl suddenly gave a little cry of delight.

'What have you found, Sybil?' said Lord Arthur, looking up from his work, and smiling.

'This lovely little silver bonbonnière, Arthur. Isn't it quaint and Dutch? Do give it to me! I know amethysts won't become me till I am over eighty.'

It was the box that had held the aconitine.

Lord Arthur started, and a faint blush came into his cheek. He had almost entirely forgotten what he had done, and it seemed to him a curious coincidence that Sybil, for whose sake he had gone through all that terrible anxiety, should have been the first to remind him of it.

'Of course you can have it, Sybil. I gave it to poor Lady Clem myself.'

Лорд Артур был очень тронут вниманием леди Клементины и подумал, что в значительной степени он обязан этим м-ру Поджерсу. Но его любовь к Сибилле взяла верх над другими чувствами, и сознание, что он исполнил свой долг, успокоило и утешило его. Когда он прибыль на Чэринг-Кросский вокзал, он был совершенно счастлив.

Мертоны встретили его очень приветливо. Сибилла заставила его дать обещание, что никаких препятствий больше не возникнет, и свадьбу назначила на седьмое июня. Жизнь снова стала для него прекрасной и светлой, и к нему опять вернулась его прежняя жизнерадостность.

Несколько дней спустя он, поверенный леди Клементины и Сибилла осматривали дом на Кёрзен-стрит, сжигали связки пожелтевших писем, рылись в ящиках со всякой дрянью, когда вдруг молодая девушка издала радостный крик.

— Что вы нашли, Сибилла? — спросил лорд Артур, поднимая голову от работы и улыбаясь.

— Вот эту хорошенькую серебряную бонбоньерку, Артур. Какая она любопытная, должно быть голландская? Подарите мне ее. Я знаю, что аметисты не будут мне к лицу до восьмидесяти лет.

Это была коробка, в которую была положена пилюля с аконитином.

Лорд Артур вздрогнул, и легкий румянец покрыл его лицо. Он почти окончательно забыл о совершенном, и ему показалось странным совпадением то, что Сибилла, ради которой он перенес все эти ужасные волнения, теперь первая напоминала ему об этом.

— Разумеется, можете оставить ее у себя. Я сам подарил ее бедной леди Клем.

'Oh! thank you, Arthur; and may I have the bonbon too? I had no notion that Lady Clementina liked sweets. I thought she was far too intellectual.'

Lard Arthur grew deadly pale, and a horrible idea crossed his mind.

'Bonbon, Sybil? What do you mean?' he said in a slow, hoarse voice.

'There is one in it, that is all. It looks quite old and dusty, and I have not the slightest intention of eating it. What is the matter, Arthur? How white you look!'

Lord Arthur rushed across the room, and seized the box. Inside it was the amber-coloured capsule, with its poison-bubble. Lady Clementina had died a natural death after all!

The shock of the discovery was almost too much for him. He flung the capsule into the fire, and sank on the sofa with a cry of despair.

— О, благодарю вас, Артур. А конфетку можно тоже взять? Я не знала, что леди Клементина любила сладости. Я считала ее слишком серьезной для этого.

Лорд Артур побледнел, как мертвец, и его осенила ужасная мысль.

— Конфетку, Сибилла? Что вы хотите этим сказать? — спросил он медленным, глухим голосом.

— Да только то, что в коробочке лежит конфетка. Но она совсем запыленная и старая, так что у меня нет ни малейшего желания ее съесть. В чем дело, Артур? Как вы бледны!

Лорд Артур подбежал к ней и вырвал у нее коробочку. В ней лежала янтарная пилюля с каплей яда. Значит, леди Клементина умерла-таки естественной смертью!

Это открытие было для него слишком сильным ударом. Он бросил пилюлю в огонь и опустился на диван с криком отчаяния.

Chapter V

Mr. Merton was a good deal distressed at the second postponement of the marriage, and Lady Julia, who had already ordered her dress for the wedding, did all in her power to make Sybil break off the match. Dearly, however, as Sybil loved her mother, she had given her whole life into Lord Arthur's hands, and nothing that Lady Julia could say could make her waver in her faith. As for Lord Arthur himself, it took him days to get over his terrible disappointment, and for a time his nerves were completely unstrung. His excellent common sense, however, soon asserted itself and his sound, practical mind did not leave him long in doubt about what to do. Poison having proved a complete failure, dynamite, or some other form of explosive, was obviously the proper thing to try.

He accordingly looked again over the list of his friends and relatives, and, after careful consideration, determined to blow up his uncle, the Dean of Chichester. The Dean, who was a man of great culture and learning, was extremely fond of clocks, and had a wonderful collection of timepieces, ranging from the fifteenth century to the present day, and it seemed to Lord Arthur that this hobby of the good Dean's offered him an excellent opportunity for carrying out his scheme. Where to procure an explosive machine

Глава V

М-р Мертон был очень расстроен вторичной отсрочкой свадьбы, а леди Джулия, которая уже заказала себе платье, сделала все от нее зависящее, чтобы убедить Сибиллу окончательно порвать с ее женихом. Но хотя Сибилла очень любила свою мать, она отдала уже всю свою жизнь в руки лорда Артура, и, что бы ни говорила леди Джулия, ее вера в него оставалась непоколебимой. Что же касается самого лорда Артура, то он несколько дней не мог прийти в себя от страшного разочарования, и некоторое время его нервы были сильно расшатаны. Но здравый смысл скоро взял верх, и его трезвый практический ум не оставил его в долгой нерешительности. Так как яд оказался совершенно непригодным средством, то, очевидно, нужно было теперь испытать динамит или другое взрывчатое вещество.

Он снова пересмотрел список своих друзей и родственников и после долгих размышлений решил взорвать своего дядюшку, декана Чичестерского. Декан, человек очень культурный и образованный, был страстным любителем часов и имел поразительную коллекцию их, всяких видов, начиная с пятнадцатого века до наших дней. Этой-то слабостью доброго декана решил воспользоваться лорд Артур, чтобы выполнить свой план. Где найти взрывчатый снаряд, был, конечно, вопрос другой.

was, of course, quite another matter. The London Directory gave him no information on the point, and he felt that there was very little use in going to Scotland Yard about it, as they never seemed to know anything about the movements of the dynamite faction till after an explosion had taken place, and not much even then.

Suddenly he thought of his friend Rouvaloff, a young Russian of very revolutionary tendencies, whom he had met at Lady Windermere's in the winter. Count Rouvaloff was supposed to be writing a life of Peter the Great, and to have come over to England for the purpose of studying the documents relating to that Tsar's residence in this country as a ship carpenter; but it was generally suspected that he was a Nihilist agent, and there was no doubt that the Russian Embassy did not look with any favour upon his presence in London. Lord Arthur felt that he was just the man for his purpose, and drove down one morning to his lodgings in Bloomsbury, to ask his advice and assistance.

'So you are taking up politics seriously?' said Count Rouvaloff, when Lord Arthur had told him the object of his mission; but Lord Arthur, who hated swagger of any kind, felt bound to admit to him that he had not the slightest interest in social questions, and simply wanted the explosive machine for a purely family matter, in which no one was concerned but himself.

Count Rouvaloff looked at him for some moments in amazement, and then seeing that he was quite serious, wrote an address on a piece of paper, initialled it, and handed it to him across the table.

'Scotland Yard would give a good deal to know this address, my dear fellow.'

'They shan't have it,' cried Lord Arthur, laughing; and after shaking the young Russian warmly by the hand he ran downstairs, examined the paper, and told the coachman to drive to Soho Square.

Адрес-календарь Лондона не дал ему никаких сведений по этому вопросу, и он решил, что было почти бесполезно обращаться в Скотланд-Ярд, в сыскное отделение, так как там никогда ничего не знали о деятельности динамитчиков раньше, чем не произойдет где-нибудь взрыв, да и тогда мало знали.

Вдруг он вспомнил о своем приятеле Рувалове, о молодом русском дворянине с сильными революционными наклонностями, с которым он познакомился предыдущей зимой у леди Уиндермир. Было принято считать, что граф Рувалов работает над жизнеописанием Петра Великого и что он приехал в Англию с целью изучения документов, связанных с пребыванием в этой стране царя-плотника. Но все подозревали, что он был агентом нигилистов, и русское посольство, вне всякого сомнения, не особенно благосклонно относилось к его пребыванию в Лондоне. Лорд Артур почувствовал, что это был самый подходящий для него человек, и как-то утром поехал к нему на его квартиру на Блумсбери-сквер, спросить у него совета и помощи.

— Что, вы серьезно занялись политикой? — спросил граф Рувалов, когда лорд Артур объяснил ему цель своего визита.

Но лорд Артур, ненавидевший всякую рисовку, счел своим долгом сознаться, что ничуть не интересуется социальными вопросами и что взрывчатый снаряд ему нужен для чисто семейного дела, касающегося его одного.

Граф Рувалов посмотрел на него в удивлении, но, убедившись в серьезности его слов, написал какой-то адрес на клочке бумаги, подписал его своими инициалами и передал его лорду Артуру через стол.

— В Скотланд-Ярде многое дали бы, чтобы получить этот адрес, мой друг.

— Но они его не получат, — сказал лорд Артур, смеясь.

И, пожав крепко руку молодому русскому графу, он сбежал по лестнице, прочел записку и велел кучеру ехать на Сохо-сквер.

There he dismissed him, and strolled down Greek Street, till he came to a place called Bayle's Court. He passed under the archway, and found himself in a curious cul-de-sac, that was apparently occupied by a French Laundry, as a perfect network of clothes-lines was stretched across from house to house, and there was a flutter of white linen in the morning air. He walked to the end, and knocked at a little green house. After some delay, during which every window in the court became a blurred mass of peering faces, the door was opened by a rather rough-looking foreigner, who asked him in very bad English what his business was. Lord Arthur handed him the paper Count Rouvaloff had given him. When the man saw it he bowed, and invited Lord Arthur into a very shabby front parlour on the ground-floor, and in a few moments Herr Winckelkopf, as he was called in England, bustled into the room, with a very wine-stained napkin round his neck, and a fork in his left hand.

'Count Rouvaloff has given me an introduction to you,' said Lord Arthur, bowing, 'and I am anxious to have a short interview with you on a matter of business. My name is Smith, Mr. Robert Smith, and I want you to supply me with an explosive clock.'

'Charmed to meet you, Lord Arthur,' said the genial little German laughing. 'Don't look so alarmed, it is my duty to know everybody, and I remember seeing you one evening at Lady Windermere's. I hope her ladyship is quite well. Do you mind sitting with me while I finish my breakfast? There is an excellent pâté, and my friends are kind enough to say that my Rhine wine is better than any they get at the German Embassy,' and before Lord Arthur had got over his surprise at being recognised, he found himself seated in the back-room, sipping the most delicious Marcobrunner out of a pale yellow hock-glass marked with the Imperial monogram, and chatting in the friendliest manner possible to the famous conspirator.

'Explosive clocks,' said Herr Winckelkopf, 'are not very good things for foreign exportation, as, even if they succeed in passing the Custom House, the train service is so irregular, that they

Там он сошел с экипажа и пошел по Григ-стрит до места, которое называется Бэйльс-корт. Здесь он вошел в ворота и очутился в каком-то странном cul-de-sac, занятом, очевидно, французской прачечной, так как двор был опутан целой сетью веревок, протянутых от стены к стене, и в утреннем воздухе волновалось целое море сохнущего белья. Он прошел в самую глубину двора и постучался в дверь зеленого домика. После некоторого замедления, в течение которого каждое окно, выходящее на двор, превратилось в сплошную массу любопытных лиц, дверь отворил довольно грубоватый на вид иностранец, который на очень скверном английском языке спросил лорда Артура, что ему нужно. Вместо ответа последний протянул записку графа Рувалова. Когда человек, открывший дверь, взглянул на нее, он с поклоном пригласил лорда Артура войти в убогую гостиную, а через минуту вбежал Herr Винкелькопф, как он называл себя в Англии, с запятнанной вином салфеткой вокруг шеи и вилкой в левой руке.

— Меня направил к вам граф Рувалов, — сказал лорд Артур с поклоном, — и мне хотелось бы с вами поговорить несколько минут по одному делу. Моя фамилия — Смит, м-р Роберт Смит, и я пришел к вам с просьбой снабдить меня адской машиной в виде часов.

— Очень приятно познакомиться с вами, лорд Артур, — сказал, ядовито смеясь, немец. — Не делайте такого испуганного вида, я должен всех знать, да и, кроме того, я вас как-то видел на одном из вечеров леди Уиндермир. Как поживает ее сиятельство? Вы не посидите со мной, пока я кончу мой завтрак? Там у меня прекрасное pâté, а мои друзья всегда так любезно уверяют, что мой рейнвейн лучше того, что подается в немецком посольстве.

И не успел лорд Артур прийти в себя от удивления, что его узнали, как он очутился в столовой, пил восхитительное Marcobrunner из светло-желтого хрустального бокала с императорской монограммой и дружески болтал со знаменитым заговорщиком.

— Взрывающиеся часы, — сказал Herr Винкелькопф, — не особенно удобны для экспорта за границу, так как если им и удастся пройти беспрепятственно через таможню, то

usually go off before they have reached their proper destination. If, however, you want one for home use, I can supply you with an excellent article, and guarantee that you will be satisfied with the result. May I ask for whom it is intended? If it is for the police, or for any one connected with Scotland Yard, I am afraid I cannot do anything for you. The English detectives are really our best friends, and I have always found that by relying on their stupidity, we can do exactly what we like. I could not spare one of them.'

'I assure you,' said Lord Arthur, 'that it has nothing to do with the police at all. In fact, the clock is intended for the Dean of Chichester.'

'Dear me! I had no idea that you felt so strongly about religion, Lord Arthur. Few young men do nowadays.'

'I am afraid you overrate me, Herr Winckelkopf,' said Lord Arthur, blushing. 'The fact is, I really know nothing about theology.'

'It is a purely private matter then?'

'Purely private.'

Herr Winckelkopf shrugged his shoulders, and left the room, returning in a few minutes with a round cake of dynamite about the size of a penny, and a pretty little French clock, surmounted by an ormolu figure of Liberty trampling on the hydra of Despotism.

Lord Arthur's face brightened up when he saw it. 'That is just what I want,' he cried, 'and now tell me how it goes off.'

'Ah! there is my secret,' answered Herr Winckelkopf, contemplating his invention with a justifiable look of pride; 'let me

движение поездов так неправильно, что часы обыкновенно взрываются раньше, чем попадают на место назначения. Но если такой снаряд вам нужен для местного употребления, то я вам могу предложить превосходный аппарат и могу уверить вас, что вы останетесь довольны результатами. Могу ли я узнать, для кого он предназначается? Если это для полиции или для кого-нибудь, имеющего отношение к Скотланд-Ярду, то я, к сожалению, не могу вам услужить. Английские сыщики, собственно, лучшие наши друзья, и я пришел к выводу, что, только положась на их глупость, нам можно делать все, что нам угодно. И поэтому я не могу допустить, чтобы с кем-нибудь из них приключилось несчастье.

— Могу вас уверить, — сказал лорд Артур, — что здесь полиция ни при чем. Если хотите знать, часы предназначаются для декана Чичестерского.

— Вот оно что! Я не предполагал, что вы так близко к сердцу принимаете религиозные вопросы, лорд Артур. Так мало молодых людей интересуются религией в наши дни.

— Вы слишком высокого обо мне мнения, Herr Винкелькопф, — сказал лорд Артур краснея. — Я совершенный профан в области богословия.

— Значит, просто частное дело?

— Просто частное дело.

Herr Винкелькопф, пожав плечами, вышел из комнаты, но вскоре вернулся с круглым динамитным патроном величиной с медную монету и хорошенькими французскими кабинетными часами, украшенными статуэткой, изображавшей Свободу, попирающую ногой гидру Деспотизма.

Лицо лорда Артура радостно засияло, когда он увидел часы.
— Это как раз то, что мне нужно, — воскликнул он. — А теперь объясните мне, как их нужно заводить.

— А! Это моя тайна, — ответил Herr Винкелькопф, любуясь с самодовольным видом своим изобретением. — Вы мне

know when you wish it to explode, and I will set the machine to the moment.'

'Well, to-day is Tuesday, and if you could send it off at once —'

'That is impossible; I have a great deal of important work on hand for some friends of mine in Moscow. Still, I might send it off to-morrow.'

'Oh, it will be quite time enough!' said Lord Arthur politely, 'if it is delivered to-morrow night or Thursday morning. For the moment of the explosion, say Friday at noon exactly. The Dean is always at home at that hour.'

'Friday, at noon,' repeated Herr Winckelkopf, and he made a note to that effect in a large ledger that was lying on a bureau near the fireplace.

'And now,' said Lord Arthur, rising from his seat, 'pray let me know how much I am in your debt.'

'It is such a small matter, Lord Arthur, that I do not care to make any charge. The dynamite comes to seven and sixpence, the clock will be three pounds ten, and the carriage about five shillings. I am only too pleased to oblige any friend of Count Rouvaloff's.'

'But your trouble, Herr Winckelkopf?'

'Oh, that is nothing! It is a pleasure to me. I do not work for money; I live entirely for my art.'

Lord Arthur laid down £4:2:6 on the table, thanked the little German for his kindness, and, having succeeded in declining an invitation to meet some Anarchists at a meat-tea[1] on the following Saturday, left the house and went off to the Park.

For the next two days he was in a state of the greatest excitement, and on Friday at twelve o'clock he drove down to the

скажите, когда вам нужно, чтобы часы взорвались, и я поставлю механизм на означенный час.

— Сегодня ведь вторник, и если вы могли бы сейчас же отправить часы...

— Это невозможно. Я тут должен исполнить очень важный заказ для некоторых моих друзей в Москве. Но надеюсь, мне удастся отправить часы завтра.

— Ну что же, часы поспеют вовремя, — сказал лорд Артур вежливо, — если они будут доставлены завтра вечером или в четверг утром. Что касается момента взрыва, то давайте назначим пятницу, ровно в полдень. Декан всегда бывает дома в это время.

— Пятница, 12 часов ровно, — повторил Herr Винкелькопф, записывая время в большую конторскую книгу, лежавшую на столе у камина.

— А теперь, — сказал лорд Артур, вставая, — будьте добры сказать мне, сколько я вам должен?

— Такие пустяки, лорд Артур, что о них, право, и говорить не стоит. Динамит стоит 7 1/2 шиллингов, часы — 3 фунта 10 шиллингов, доставка на дом — 5 шиллингов. Мне всегда приятно оказать услугу друзьям графа Рувалова.

— Ну, а ваш труд, Herr Винкелькопф?

— О, это ничего не стоит. Это для меня только удовольствие. Я работаю не ради денег, а ради чистого искусства.

Лорд Артур положил на стол 4 фунта 2 шиллинга и 6 пенсов, поблагодарил немца за оказанную услугу и, с трудом отклонив приглашение приехать в ближайшую субботу выпить чашку чая в кружке анархистов, распростился и поехал в Парк.

Два следующих дня лорд Артур провел в состоянии крайнего волнения, и в пятницу в полдень отправился в Букингем-клуб

Buckingham to wait for news. All the afternoon the stolid hall-porter kept posting up telegrams from various parts of the country giving the results of horse-races, the verdicts in divorce suits, the state of the weather, and the like, while the tape ticked out wearisome details about an all-night sitting in the House of Commons, and a small panic on the Stock Exchange. At four o'clock the evening papers came in, and Lord Arthur disappeared into the library with the *Pall Mall*, the *St James's*, the *Globe*, and the *Echo*, to the immense indignation of Colonel Goodchild, who wanted to read the reports of a speech he had delivered that morning at the Mansion House, on the subject of South African Missions, and the advisability of having black Bishops in every province, and for some reason or other had a strong prejudice against the *Evening News*.

None of the papers, however, contained even the slightest allusion to Chichester, and Lord Arthur felt that the attempt must have failed. It was a terrible blow to him, and for a time he was quite unnerved. Herr Winckelkopf, whom he went to see the next day, was full of elaborate apologies, and offered to supply him with another clock free of charge, or with a case of nitro-glycerine bombs at cost price. But he had lost all faith in explosives, and Herr Winckelkopf himself acknowledged that everything is so adulterated nowadays, that even dynamite can hardly be got in a pure condition. The little German, however, while admitting that something must have gone wrong with the machinery, was not without hope that the clock might still go off and instanced the case of a barometer that he had once sent to the military Governor at Odessa, which, though timed to explode in ten days, had not done so for something like three months. It was quite true that when it did go off, it merely succeeded in blowing a housemaid to atoms, the Governor having gone out of town six weeks before, but at least it showed that dynamite, as a destructive force, was, when under the control of machinery, a powerful, though a somewhat unpunctual agent. Lord Arthur was a little consoled by this reflection, but even here he was destined to disappointment, for two days afterwards, as he was going upstairs, the Duchess called him into her boudoir, and showed him a letter she had just received from the Deanery.

ждать новостей. Все время солидный швейцар не переставал вывешивать телеграммы из разных мест Англии с извещениями о результатах бегов, о приговорах по разным бракоразводным процессам, о состоянии погоды и т д., а одновременно клубный телеграф выстукивал скучнейшие подробности о ночном заседании Нижней Палаты и о маленькой панике, имевшей место на бирже. В четыре часа принесли вечерние газеты, и лорд Артур удалился в читальню с «Pall Mall Gazette», «St-James-Gazette», «Globe» и «Echo», к крайнему негодованию полковника Гудчайльда, желавшего прочесть отчет о речи, которую он произнес утром в Mansion House на тему о южноафриканских духовных миссиях и о преимуществах иметь чернокожих епископов в каждой провинции; полковник же по каким-то неизвестным причинам имел предубеждение против «Evening News».

Но ни в одной из газет не было намека на декана Чичестерского, и лорд Артур почувствовал, что покушение не удалось. Это был страшный удар для него, и на некоторое время он ужасно расстроился. Herr Винкелькопф, к которому он отправился на следующий день, рассыпался в извинениях и предложил ему приготовить безвозмездно еще такие же часы или же ящик нитроглицериновых бомб по оптовой цене. Но он уже потерял всякую веру во взрывчатые снаряды, да и Herr Винкелькопф сознался, что в наши дни все так фальсифицируется, что даже динамит почти нельзя достать в чистом виде. Маленький немец, допуская, что случилось что-нибудь с механизмом, все же не переставал надеяться на то, что часы взорвутся, и в доказательство привел пример отправленного им одесскому генерал-губернатору барометра, который должен был взорваться через десять дней, а в действительности взорвался только почти через три месяца. Правда, когда барометр взорвался, то он только разнес в куски горничную, так как губернатор выехал из города за шесть недель до этого, но это по меньшей мере доказывает, что динамит как разрушительная сила, будучи под контролем механизма, — сильнодействующее, но немного неаккуратное средство. Лорда Артура мало утешили эти соображения, но и здесь его ждало разочарование, так как не прошло и двух дней, как дома, когда он поднимался в свою комнату, его позвала герцогиня к себе в будуар и показала ему письмо, которое она только что получила.

'Jane writes charming letters,' said the Duchess; 'you must really read her last. It is quite as good as the novels Mudie sends us.'

Lord Arthur seized the letter from her hand. It ran as follows: —

'The Deanery, Chichester, '27th May.

'My Dearest Aunt

'Thank you so much for the flannel for the Dorcas Society[2] and also for the gingham. I quite agree with you that it is nonsense their wanting to wear pretty things, but everybody is so Radical and irreligious nowadays, that it is difficult to make them see that they should not try and dress like the upper classes. I am sure I don't know what we are coming to. As papa has often said in his sermons, we live in an age of unbelief.

'We have had great fun over a clock that an unknown admirer sent papa last Thursday. It arrived in a wooden box from London, carriage paid; and papa feels it must have been sent by some one who had read his remarkable sermon, 'Is License Liberty?' for on the top of the clock was a figure of a woman, with what papa said was the cap of Liberty[3] on her head. I didn't think it very becoming myself, but papa said it was historical, so I suppose it is all right. Parker unpacked it, and papa put it on the mantelpiece in the library, and we were all sitting there on Friday morning, when just as the clock struck twelve, we heard a whirring noise, a little puff of smoke came from the pedestal of the figure, and the goddess of Liberty fell off and broke her nose on the fender! Maria was quite alarmed, but it looked so ridiculous, that James and I went off into fits of laughter, and even papa was amused. When we examined it, we found it was a sort of alarm clock, and that, if you set it to a particular hour, and put some gunpowder and a cap under a little hammer, it went off whenever you wanted. Papa said it must not remain in the library, as it made a noise, so Reggie carried it away to the schoolroom, and does nothing but

— Джэн пишет такие очаровательные письма, — сказала герцогиня, — ты непременно должен прочесть это последнее. Оно ничуть не хуже романов, которые нам присылают из библиотеки Мюди.

Лорд Артур вырвал у нее из рук письмо. В нем стояло следующее:

Чичестер, 27 мая.

«Дражайшая тетушка!

Большое вам спасибо за фланель для Доркасского благотворительного общества, а также и за ситец. Я совершенно с вами согласна, что желание этих людей носить красивые платья нелепо, но все в наши дни такие радикалы и безбожники, что трудно убедить их в том, что нельзя стараться одеваться так, как одеваются высшие классы. Прямо не знаю, куда мы идем. Как папа часто говорит в своих проповедях, мы живем в век неверия.

Нас очень позабавили часы, которые какой-то неизвестный поклонник прислал папе в прошлый четверг. Они прибыли в деревянном ящике из Лондона, с оплаченной пересылкой, и папа предполагает, что их прислал кто-нибудь, кто прочитал его замечательную проповедь «Можно ли необузданность назвать свободой», так как на часах имеется статуэтка, изображающая женщину, у которой на голове то, что папа назвал «шапкой свободы». По-моему, нельзя сказать, чтобы эта шапочка была очень изящна, но папа сказал, что это исторический головной убор, и значит, так и должно быть. Паркер вынул часы из ящика, и папа поставил их на полочку над камином в кабинете. Мы все сидели там в пятницу утром, когда вдруг, лишь часы пробили двенадцать, раздалось какое-то шипение, маленькое облачко дыма поднялось с пьедестала статуэтки, и богиня Свободы упала наземь и разбила себе нос об решетку камина. Мария совсем испугалась, но все было так нелепо, что Джэмс и я покатились со смеху, и даже папа улыбнулся. Когда мы рассмотрели часы, то нашли, что это был род будильника и что если поставить их на определенный час и подложить под

have small explosions all day long. Do you think Arthur would like one for a wedding present? I suppose they are quite fashionable in London. Papa says they should do a great deal of good, as they show that Liberty can't last, but must fall down. Papa says Liberty was invented at the time of the French Revolution. How awful it seems!

'I have now to go to the Dorcas, where I will read them your most instructive letter. How true, dear aunt, your idea is, that in their rank of life they should wear what is unbecoming. I must say it is absurd, their anxiety about dress, when there are so many more important things in this world, and in the next. I am so glad your flowered poplin turned out so well, and that your lace was not torn. I am wearing my yellow satin, that you so kindly gave me, at the Bishop's on Wednesday, and think it will look all right. Would you have bows or not? Jennings says that every one wears bows now, and that the underskirt should be frilled. Reggie has just had another explosion, and papa has ordered the clock to be sent to the stables. I don't think papa likes it so much as he did at first, though he is very flattered at being sent such a pretty and ingenious toy. It shows that people read his sermons, and profit by them.

'Papa sends his love, in which James, and Reggie, and Maria all unite, and, hoping that Uncle Cecil's gout is better, believe me, dear aunt, ever your affectionate niece,

Jane Percy

'P.S. — Do tell me about the bows. Jennings insists they are the fashion.'

Lord Arthur looked so serious and unhappy over the letter, that the Duchess went into fits of laughter.

маленький молоточек немного пороху и пистон, то они стреляют когда угодно. Папа сказал, что эти часы нельзя оставлять в кабинете, так как они производят слишком много шуму, и Реджи отнес их в детскую, где он целый день только и делает, что устраивает маленькие взрывы. Как вы думаете, понравился бы такой свадебный подарок Артуру? Очевидно, они теперь в моде в Лондоне. Папа говорит, что они принесут немало пользы, так как они наглядно доказывают, что Свобода неустойчива и должна пасть. Папа говорит, что Свобода была выдумана во время Французской революции. Как это ужасно!

Мне теперь надо идти в Доркасский приют, где я им прочту ваше поучительное письмо. Как справедливо, дорогая тетушка, ваше замечание, что при их положении в жизни они должны носить именно то, что им не к лицу. Я должна сказать, что их забота об одежде прямо нелепа, когда есть такая масса важных предметов в этой нашей жизни и в следующей. Я так рада, что ваше полушелковое платье в цветочках вышло так удачно и что кружева не порваны. В среду, у епископа, я надену свое желтое атласное платье, которое вы были так добры подарить мне, и я думаю, оно будет иметь прекрасный вид. Как вы думаете, пришить бантики или нет? Дженнингс говорит, что все носят теперь бантики и что нижняя юбка должна быть гофрирована. У Реджи только что был еще взрыв, и папа приказал унести часы в конюшню. Мне кажется, они нравятся папе меньше, чем вначале, хотя он очень польщен тем, что ему прислали такую красивую и остроумную игрушку. Это доказывает, что люди читают его проповеди и они идут им впрок.

Папа шлет свой привет, к которому присоединяются Джэмс, Реджи и Мария. Надеясь, что у дяди Сэсиля подагра прошла, остаюсь, дорогая тетушка, вечно любящая вас племянница ваша

Джен Перси

P. S. Напишите мне о бантиках. Джэннингс настаивает, что они в моде».

У лорда Артура был такой серьезный и опечаленный вид по прочтении письма, что герцогиня разразилась громким смехом.

'My dear Arthur,' she cried, 'I shall never show you a young lady's letter again! But what shall I say about the clock? I think it is a capital invention, and I should like to have one myself.'

'I don't think much of them,' said Lord Arthur, with a sad smile, and, after kissing his mother, he left the room.

When he got upstairs, he flung himself on a sofa, and his eyes filled with tears. He had done his best to commit this murder, but on both occasions he had failed, and through no fault of his own. He had tried to do his duty, but it seemed as if Destiny herself had turned traitor. He was oppressed with the sense of the barrenness of good intentions, of the futility of trying to be fine. Perhaps, it would be better to break off the marriage altogether. Sybil would suffer, it is true, but suffering could not really mar a nature so noble as hers. As for himself, what did it matter? There is always some war in which a man can die, some cause to which a man can give his life, and as life had no pleasure for him, so death had no terror. Let Destiny work out his doom. He would not stir to help her.

At half-past seven he dressed, and went down to the club. Surbiton was there with a party of young men, and he was obliged to dine with them. Their trivial conversation and idle jests did not interest him, and as soon as coffee was brought he left them, inventing some engagement in order to get away. As he was going out of the club, the hall-porter handed him a letter. It was from Herr Winckelkopf, asking him to call down the next evening, and look at an explosive umbrella, that went off as soon as it was opened. It was the very latest invention, and had just arrived from Geneva. He tore the letter up into fragments. He had made up his mind not to try any more experiments.

Then he wandered down to the Thames Embankment, and sat for hours by the river. The moon peered through a mane of tawny clouds, as if it were a lion's eye, and innumerable stars spangled the hollow vault, like gold dust powdered on a purple dome. Now and then a barge swung out into the turbid stream, and floated

— Милый Артур, — воскликнула она, — я никогда больше не покажу тебе письма какой-либо молодой барышни. Но что сказать об этих часах? Мне кажется, это прекрасное изобретение, и я хотела бы иметь такие же.

— Я невысокого о них мнения, — сказал с печальной улыбкой лорд Артур и, поцеловав свою мать, вышел из комнаты.

Когда он пришел к себе, он бросился на диван, и глаза его наполнились слезами. Все, от него зависящее, он сделал, чтобы совершить это убийство, но вот оно в обоих случаях не удалось, и не по его вине. Он попытался исполнить свой долг, но, казалось, сам Рок стал изменщиком. Его подавило сознание бесплодности добрых намерений и безрезультатности стараний быть благородным; быть может, было бы лучше совсем отказаться от этого брака. Правда, Сибилла будет страдать, но страдание не погубит столь благородную натуру, как она. Что же касается его самого, то не важно. Всегда имеется какая-нибудь война, во время которой человек может умереть, какое-нибудь дело, которому можно отдать жизнь, и так как жизнь уже не сулила ему радости, то и смерть не пробуждала в нем страха. Пусть сам Рок решит его участь. Он не сделает ни шагу, чтобы помочь ему.

В половине восьмого он оделся и отправился в клуб. Там был Сербитон с целой компанией молодых людей, и ему пришлось обедать с ними. Их легкомысленный разговор и пустые остроты совсем не интересовали его, и, как только подали кофе, он покинул их, придумав какой-то повод, чтобы улизнуть. Когда он выходил из клуба, швейцар подал ему письмо. Оно было от Herr Винкелькопфа, приглашавшего его заехать и посмотреть на зонтик, который взрывался, как только его раскроешь. Это было новейшее изобретение, только что полученное из Женевы. Лорд Артур разорвал письмо на клочки. Он решил больше не делать никаких опытов.

Он побрел к набережной Темзы и просидел несколько часов у реки. Луна выглядывала сквозь гриву всклокоченных туч, словно львиный глаз, и полый свод неба был усеян бесчисленными звездами, словно пурпуровый купол, осыпанный золотой пылью. Изредка вырывалась на середину волнующейся

away with the tide, and the railway signals changed from green to scarlet as the trains ran shrieking across the bridge. After some time, twelve o'clock boomed from the tall tower at Westminster and at each stroke of the sonorous bell the night seemed to tremble. Then the railway lights went out, one solitary lamp left gleaming like a large ruby on a giant mast, and the roar of the city became fainter.

At two o'clock he got up, and strolled towards Blackfriars. How unreal everything looked! How like a strange dream! The houses on the other side of the river seemed built out of darkness. One would have said that silver and shadow had fashioned the world anew. The huge dome of St. Paul's loomed like a bubble through the dusky air.

As he approached Cleopatra's Needle he saw a man leaning over the parapet, and as he came nearer the man looked up, the gas-light falling full upon his face.

It was Mr. Podgers, the cheiromantist! No one could mistake the fat, flabby face, the gold-rimmed spectacles, the sickly feeble smile, the sensual mouth.

Lord Arthur stopped. A brilliant idea flashed across him, and he stole softly up behind. In a moment he had seized Mr. Podgers by the legs, and flung him into the Thames. There was a coarse oath, a heavy splash, and all was still. Lord Arthur looked anxiously over, but could see nothing of the cheiromantist but a tall hat, pirouetting in an eddy of moonlit water. After a time it also sank, and no trace of Mr. Podgers was visible. Once he thought that he caught sight of the bulky misshapen figure striking out for the staircase by the bridge, and a horrible feeling of failure came over him, but it turned out to be merely a reflection, and when the moon shone out from behind a cloud it passed away. At last he seemed to have realised the decree of destiny. He heaved a deep sigh of relief, and Sybil's name came to his lips.

реки баржа и уплывала вниз по течению, а железнодорожные сигналы из зеленых делались алыми, когда поезда с визгом пробегали по мосту. Через некоторое время полночь пробила на высокой башне Вестминстера, и от каждого удара гулкого колокола, казалось, вздрагивала ночь. Потом потухли железнодорожные огни, остался лишь один фонарик, сверкавший словно огромный рубин на исполинской мачте, и гул города стал ослабевать.

В два часа он встал и отправился к Блакфрайеровскому мосту. Как все казалось неправдоподобным! Как похоже на страшный сон! Дома на противоположном берегу реки, казалось, были построены из темноты. Можно было подумать, что серебро и мгла заново переделали мир. Огромный купол Св. Павла блестел, словно мыльный пузырь, в туманном воздухе.

Подходя к обелиску Клеопатры, он увидел человека, облокотившегося о перила набережной, и, когда он подошел ближе, человек этот поднял голову, так что пламя газового фонаря осветило его лицо.

Это был м-р Поджерс, хиромант! Нельзя было не узнать этого жирного обрюзглого лица, золотых очков, еле заметной болезненной улыбки, чувственного рта.

Лорд Артур остановился. Блестящая идея осенила его, и он незаметно сзади подкрался к нему. Через мгновение он уже схватил м-ра Поджерса за ноги и перекинул его в Темзу. Раздалось грубое проклятие, тяжелый плеск, и все снова затихло. Лорд Артур беспокойно нагнулся через перила, но единственное, что он видел, что осталось от м-ра Поджерса, был цилиндр, плясавший в водовороте освещенной луной воды. Через некоторое время и цилиндр пошел ко дну, и больше не осталось никаких следов от м-ра Поджерса. Раз ему показалось, что он видел грузную, неуклюжую фигуру, направляющуюся вплавь к лестнице у моста, и ужасное сознание неудачи снова овладело им, но оно тотчас же прошло, когда показалась луна из-за тучи и оказалось, что это было просто-напросто какое-то отражение. Наконец, казалось, он исполнил веление судьбы. Он с облегчением глубоко вздохнул, и губы его произнесли имя Сибиллы.

'Have you dropped anything, sir?' said a voice behind him suddenly.

He turned round, and saw a policeman with a bulls-eye lantern.

'Nothing of importance, sergeant,' he answered, smiling, and hailing a passing hansom, he jumped in, and told the man to drive to Belgrave Square.

For the next few days he alternated between hope and fear. There were moments when he almost expected Mr. Podgers to walk into the room, and yet at other times he felt that Fate could not be so unjust to him.

Twice he went to the cheiromantist's address in West Moon Street, but he could not bring himself to ring the bell. He longed for certainty, and was afraid of it.

Finally it came. He was sitting in the smoking-room of the club having tea, and listening rather wearily to Surbiton's account of the last comic song at the Gaiety[4], when the waiter came in with the evening papers. He took up the *St. James's*, and was listlessly turning over its pages, when this strange heading caught his eye:

SUICIDE OF A CHEIROMANTIST

He turned pale with excitement, and began to read. The paragraph ran as follows: —

Yesterday morning, at seven o'clock, the body of Mr. Septimus R. Podgers, the eminent cheiromantist, was washed on shore at Greenwich, just in front of the Ship Hotel. The unfortunate gentleman had been missing for some days, and considerable anxiety for his safety had been felt in cheiromantic circles. It is supposed that he committed suicide under the influence of a temporary mental derangement, caused by overwork, and a verdict to that effect was returned this afternoon by the coroner's[5] jury.

— Вы что-нибудь уронили, сэр? — произнес вдруг сзади него какой-то голос.

Он оглянулся и увидел полисмена с ручным фонарем.

— Ничего особенного, констебль, — ответил он и, подозвав проезжавшего извозчика, вскочил на него и велел ему ехать на Белгрев-сквер.

Следующие два-три для он провел между страхом и надеждой. Были минуты, когда он почти ожидал, что вот-вот м-р Поджерс войдет в комнату, но потом он почувствовал, что Судьба не могла поступить опять так несправедливо с ним.

Дважды он поехал туда, где жил хиромант, на Вест-Мун-стрит, но ни разу не мог решиться позвонить. Он жаждал уверенности и в то же время боялся ее.

Наконец она пришла. Он сидел в курительной клуба за чашкой чая, слушая с немного скучающим видом повествование Сербитона о последней комической песенке, исполняемой в Gaiety-Theatre, когда вошел лакей с вечерними газетами. Он взял «St-James Gazette» и рассеянно сталь перелистывать ее страницы, когда следующий странный заголовок обратил на себя его внимание:

САМОУБИЙСТВО ХИРОМАНТА.

Он побледнел от волнения и стал читать дальше. Вот что стояло в заметке:

«Вчера, в семь часов утра, у берега Темзы в Гринвич, против Корабельной Гостиницы, всплыло тело Септимуса Р. Поджерса, известного хироманта. Вот уже несколько дней как не возвращался домой несчастный, и сильное беспокойство за его участь наблюдалось в кругах хиромантов. Предполагают, что он совершил самоубийство под влиянием временного умопомешательства, явившегося следствием переутомления, и таковое решение вынес сегодня судебный следователь после вскрытия

Mr. Podgers had just completed an elaborate treatise on the subject of the Human Hand, that will shortly be published when it will no doubt attract much attention. The deceased was sixty-five years of age, and does not seem to have left any relations.

Lord Arthur rushed out of the club with the paper still in his hand, to the immense amazement of the hall-porter, who tried in vain to stop him, and drove at once to Park Lane. Sybil saw him from the window, and something told her that he was the bearer of good news. She ran down to meet him, and, when she saw his face, she knew that all was well.

'My dear Sybil,' cried Lord Arthur, 'let us be married to-morrow!'

'You foolish boy! Why the cake is not even ordered!' said Sybil, laughing through her tears.

тела. М-р Поджерс недавно закончил обширное исследование о человеческой руке, которое появится в непродолжительном времени в печати и несомненно привлечет всеобщее внимание. Покойному было 65 лет, и после него, насколько нам известно, никаких родственников не осталось».

Лорд Артур выбежал из клуба, держа газету в руке, к огромному удивлению швейцара, пытавшегося, но напрасно, остановить его, и поехал сейчас же в Парк-Лэйн. Сибилла увидела его в окно, и что-то подсказало ей, что он привез хорошие известия. Она сбежала вниз к нему навстречу, и когда она увидала его лицо, она поняла, что все обстоит как нельзя лучше.

— Дорогая Сибилла, — воскликнул лорд Артур, — обвенчаемся завтра же!

— Глупый мальчик! Но ведь пирог даже не заказан, — сказала Сибилла, смеясь сквозь слезы.

Chapter VI

When the wedding took place, some three weeks later, St. Peter's was crowded with a perfect mob of smart people. The service was read in a most impressive manner by the Dean of Chichester, and everybody agreed that they had never seen a handsomer couple than the bride and bridegroom. They were more than handsome, however — they were happy. Never for a single moment did Lord Arthur regret all that he had suffered for Sybil's sake, while she, on her side, gave him the best things a woman can give to any man — worship, tenderness, and love. For them romance was not killed by reality. They always felt young.

Some years afterwards, when two beautiful children had been born to them, Lady Windermere came down on a visit to Alton Priory, a lovely old place, that had been the Duke's wedding present to his son; and one afternoon as she was sitting with Lady Arthur[1] under a lime-tree in the garden, watching the little boy and girl as they played up and down the rose-walk, like fitful sunbeams, she suddenly took her hostess's hand in hers, and said, 'Are you happy, Sybil?'

'Dear Lady Windermere, of course I am happy. Aren't you?'

Глава VI

Когда, три недели спустя, происходила свадьба, церковь Св. Петра была буквально битком набита толпой изящно разодетых людей. Службу прочитал в своей самой внушительной манере декан Чичестерский, и все единогласно согласились, что никогда не видели более красивой пары, чем жених и невеста. Они были более чем красивы, ибо они были счастливы. Ни на одну секунду не пожалел лорд Артур о всем том, что он выстрадал ради Сибиллы, а она, в свою очередь, дала ему лучшее, что может дать женщина мужчине — поклонение, нежность и любовь. Для них роман еще не был убит действительностью. Они всегда чувствовали себя юными.

Несколько лет спустя, когда у них уже имелось двое прелестных ребят, леди Уиндермир приехала погостить в Прайори-Плэс, прекрасный старинный замок — свадебный подарок герцога сыну. Однажды днем, когда она сидела с леди Артур в саду под лимонным деревом, следя за мальчиком и девочкой, игравшими в розовой аллее, словно капризные солнечные лучи, — она вдруг взяла руки хозяйки замка в свои и спросила:

— Вы счастливы, Сибилла?

— Конечно, счастлива, дорогая леди Уиндермир, а вы?

'I have no time to be happy, Sybil. I always like the last person who is introduced to me; but, as a rule, as soon as I know people I get tired of them.'

'Don't your lions satisfy you, Lady Windermere?'

'Oh dear, no! lions are only good for one season. As soon as their manes are cut, they are the dullest creatures going. Besides, they behave very badly, if you are really nice to them. Do you remember that horrid Mr. Podgers? He was a dreadful impostor. Of course, I didn't mind that at all, and even when he wanted to borrow money I forgave him, but I could not stand his making love to me. He has really made me hate cheiromancy. I go in for telepathy now. It is much more amusing.'

'You mustn't say anything against cheiromancy here, Lady Windermere; it is the only subject that Arthur does not like people to chaff about. I assure you he is quite serious over it.'

'You don't mean to say that he believes in it, Sybil?'

'Ask him, Lady Windermere, here he is;' and Lord Arthur came up the garden with a large bunch of yellow roses in his hand, and his two children dancing round him.

'Lord Arthur?'

'Yes, Lady Windermere.'

'You don't mean to say that you believe in cheiromancy?'

'Of course I do,' said the young man, smiling.

'But why?'

— Мне некогда быть счастливой, Сибилла. Я всегда влюблена в того человека, которого мне последним представили; а как только я с кем-нибудь познакомлюсь, он мне сейчас же надоедает.

— Значит, ваши львы вас не удовлетворяют, леди Уиндермир?

— О, нет, милая! Львы хороши только на один сезон. Как только их гривы подстрижены, они превращаются в скучнейших животных, какие только существуют. Кроме того, они ведут себя прескверно, если бываешь с ними ласкова. Вы помните этого отвратительного м-ра Поджерса? Ну, так он был ужасный мошенник! Конечно, это для меня не важно, и даже я ему простила, что он пытался у меня занять денег, но я не могла вынести его ухаживаний за мной. Он довел меня до того, что я возненавидела хиромантию, и теперь я увлекаюсь телепатией. Это куда интереснее.

— Вы не должны ругать хиромантию здесь, леди Уиндермир. Это единственный вопрос, о котором Артур не любит, чтобы люди говорили шутя. Уверяю вас, он к этому относится очень серьезно.

— Вы хотите сказать, что он верит в хиромантию, Сибилла?

— Спросите его сами, леди Уиндермир, вот он.

Лорд Артур шел через сад с двумя огромными букетами желтых роз в руках; вокруг него прыгали и плясали его дети.

— Лорд Артур!

— К вашим услугам, леди Уиндермир.

— Неужели вы хотите сказать, что верите в хиромантию?

— Конечно верю, — ответил молодой человек улыбаясь.

— Но почему?

'Because I owe to it all the happiness of my life,' he murmured, throwing himself into a wicker chair.

'My dear Lord Arthur, what do you owe to it?'

'Sybil,' he answered, handing his wife the roses, and looking into her violet eyes.

'What nonsense!' cried Lady Windermere. 'I never heard such nonsense in all my life.'

— Потому что я ей обязан всем счастьем моей жизни, — сказал он тихо, опускаясь в ивовое кресло.

— Чем вы обязаны хиромантии лорд Артур?

— Сибиллой, — ответил он, протягивая жене розы и смотря ей в ее фиалковые глаза.

— Что за глупости! — воскликнула леди Уиндермир. — Я в жизни никогда не слыхала подобных глупостей.

Commentaries

The Canterville Ghost

I

C. 4

[1] **Dowager** — вдова, унаследовавшая титул мужа.

[2] **Rev.** — сокращение от Reverend — преподобный.

C. 6

[3] **The season** — сезон — это период с осени по весну, который британская аристократия проводила в столице.

C. 8

[4] **Achilles statue** — памятник герцогу Веллингтону в Гайд-парке; главнокомандующий эпохи Наполеоновских войн представлен там в виде легендарного греческого героя Ахиллеса.

[5] **Eton** — Итон, престижная частная школа для мальчиков, основанная в XV в.

[6] **Stars and Stripes** — «звезды и полосы», неофициальное название американского флага.

[7] **Ascot** — Аскот, деревня в Беркшире, место проведения знаменитых ежегодных скачек.

II

C. 16

[1] **Psychical Society** — имеется в виду Американское общество паранормальных исследований, созданное в 1887 г. для изучения сверхъестественных явлений.

C. 18

[2] **Fanny Davenport** — Фанни Дэвенпорт (1850–1898), американская актриса британского происхождения.

[3] **Sarah Bernhardt** — Сара Бернар (1844–1923), знаменитая французская актриса.

С. 20

4 **Sir William Gull** — сэр Уильям Галл (1816–1890), известный британский врач.

5 **notorious sceptic Monsieur de Voltaire** — Вольтер (настоящее имя Франсуа-Мари Аруэ; 1694–1778), один из крупнейших философов-просветителей XVIII столетия.

С. 22

6 **ninepins** — разновидность игры в кегли.

III

С. 28

1 **Honourable** — почетное обращение к судьям, некоторым чиновникам и представителям знати.

2 **Longfellow** — Генри Лонгфелло (1807–1882), знаменитый американский поэт.

3 **The Virgin Queen** — королева-девственница Елизавета I (1533–1603), получившая это прозвище потому, что отвергала брачные предложения, опасаясь, что такой союз плохо скажется на ее стране.

С. 32

4 **Falchion** — фальшион, короткий изогнутый меч, заточенный с одной стороны.

С. 34

5 **Chanticleer** — Шантеклер, т.е. петух.

IV

С. 38

1 **Earl** — британский дворянский титул, выше виконта, но ниже маркиза.

2 **Gretna Green** — Гретна Грин, деревушка в Шотландии близ английской границы. По законам Шотландии мальчики могли вступать в брак с 14 лет, а девочки — с 12 без согласия родителей. Поэтому Гретна Грин стала традиционным местом заключения браков сбежавших влюбленных.

С. 40

3 **Inch** — дюйм, британская единицы измерения длины. 1 дюйм = 2,5 см.

4 **Saroni** — Наполеон Сарони (1821–1896), популярный американский фотограф, мастер портретной фотографии.

C. 42

[5] **Lacross** — лакросс, популярная в Америке командная игра с мячом и клюшкой.

[6] **Euchre, poker** — карточные игры.

C. 44

[7] **En second noces** — вторым браком (*фр.*).

V

C. 50

[1] **Heavy duty on spirits of every kind** — имеется в виду пошлина на спиртное, которое, как и духов, можно назвать *spirits*.

VII

C. 70

[1] **Mortmain** — право мертвой руки, феодальная законодательная норма, в соответствии с которой феодал претендовал на часть имущества своего вассала после смерти последнего. Вероятнее всего, в действительности Отис подразумевал майорат — норму, в соответствии с которой определенная часть собственности (главным образом земли и титулы) не делилась между наследниками, а неизменно переходила к старшему сыну.

C. 72

[2] **Coronet** — имеется в виду герцогский титул.

C. 74

[3] **St. George's, Hanover Square** — англиканская церковь Св. Георгия, построенная в XVIII в., место проведения многих аристократических свадеб.

[4] **You have never told me what happened to you when you were locked up with the ghost** — шутка основана на том, что в Викторианскую эпоху для девушки было абсолютно недопустимо остаться наедине с мужчиной или мужчинами. Случись такое, ее репутация была навеки погублена, а брачные перспективы оказывались под угрозой.

Lord Arthur Savile's Crime

I

C. 78

[1] **Royal Academicians** — члены Королевской академии художеств. Основанная в XVIII в., она существует и по сей день. Академия проводит ежегодные выставки и существует без финансовой поддержки со стороны государства. Консервативные взгляды академиков Викторианской эпохи дали Уайльду повод для этой шутки.

C. 80

[2] **or pur** — чистое золото (*фр.*).

[3] **Debrett** —имеется в виду справочник по генеалогии британской аристократии, названный в честь издателя Джона Дебретта (1753–1822).

[4] **Cheiromantist** — хиромант; знаток хиромантии — умения читать прошлое и будущее человека, а также физическое состояние и потенциал, по форме кисти и линиям на ладони.

[5] **Cheiropodist** — специалист, занимающийся уходом за стопами.

C. 84

[6] **on a fait le monde ainsi** — так устроен мир (*фр.*).

C. 86

[7] **Rascette** — линии вокруг запястья под ладонью.

C. 90

[8] **tête-á-tête** — наедине (*фр.*).

C. 96

[9] **General Boulanger** — генерал Жорж Эрнест Буланже (1837–1891), французский политический деятель, основатель буланжизма.

[10] **Nemesis** — Немезида, в греческой мифологии — богиня отмщения.

[11] **Shield of Pallas** — легендарный щит Афины Паллады, изготовленный из кожи убитого ею гиганта Палланта. На щит была прикреплена голова Медузы горгоны.

[12] **Gorgon's head** — Медуза горгона могла одним взглядом обратить врага в камень. После того как она была убита Персеем, ее голова оказалась на щите Афины Паллады как оружие.

С. 98

[13] **Guildensterns** — Гильденстерн — персонаж трагедии Уильяма Шекспира «Гамлет», один из придворных, которых просят следить за принцем.

[14] **Prince Hal** — так звали юного принца (будущего короля Генриха V), ведущего разгульную жизнь, в пьесе Уильяма Шекспира «Генрих IV».

С. 100

[15] **Guineas** — гинеи были золотыми монетами достоинством в £1.05, вышедшими из обращения в начале XIX в. Они были заменены соверенами, но название для обозначения соответствующей суммы употреблялось и позже.

II

С. 104

[1] **The Park** — имеется в виду Гайд-парк.

С. 106

[2] **Marylebone Church** — англиканская церковь на Марлибоун-роуд, построенная в начале XIX в.

[3] **hansom (cab)** — двухколесный двухместный экипаж с местом для возницы сзади, спроектированный Джозефом Хэнсомом в 1834 г.

С. 108

[4] **Piccadilly Circus** — Пиккадилли, одна из центральных площадей Вест-Энда.

[5] **Belgrave Square** — одна из крупнейших площадей викторианского Лондона в престижном районе Бельгравия.

[6] **Covent Garden** — имеется в виду не знаменитый театр, а огромный рынок на площади Ковент-Гарден.

С. 110

[7] **Arcady** — Аркадия, часть полуострова Пелопоннес, в греческой мифологии — место обитания бога Пана. Название употребляется в значении «сельская идиллия».

III

С. 114

[1] **one of those delicate little figures men find in the olive-woods near Tanagra** — раскрашенные терракотовые статуэтки производились в Древней Греции в городе Танагра. В 1870–1880-е гг. они были в моде и пользовались большой популярностью у коллекционеров.

[2] **petite** — маленькая (*фр.*).

[3] **any of the Borgia** — имеется в виду семейство Борджиа, печально известное историей интриг, убийств и коварных деяний.

С. 120

[4] **Ruff's Guide and Bailey's Magazine** — *Ruff's Guide to the Turf* — это популярный «путеводитель по скачкам», а *Bailey's Magazine (Baily's Magazine of Sports and Pastimes)* — журнал о спорте и развлечениях.

[5] **classics** — имеется в виду курс древних языков, здесь — прежде всего латынь.

С. 122

[6] **monsieur le mauvais sujet** — господин плохиш (*фр.*)

[7] **on a fait des folies pour moi** — ради меня совершали безумства (*фр.*)

IV

С. 128

[1] **Corfu** — Корфу, греческий остров в Ионическом море.

С. 130

[2] **Lido** — Лидо, песчаная коса, отделяющая Венецианскую лагуну от Адриатического моря.

С. 130

[3] **Solicitor** — солиситор, юрист, составляющий официальные документы и консультирующий по юридическим вопросам.

С. 132

[4] **Charing Cross** — железнодорожный вокзал Чаринг-кросс в центре Лондона.

V

C. 144

[1] **Meat-tea** — вечерняя трапеза, характерная для рабочего класса; представляет собой чаепитие с выпечкой и тостами, перед которым подается горячее блюдо.

C. 148

[2] **Dorcas Society** — благотворительная организация при церкви, снабжающая бедняков одеждой.

[3] **cap of Lyberty** — фригийский колпак, один из символов Великой французской революции.

C. 156

[4] **Gaiety** — *the Gaiety Theater*, театр в Лондоне; в описываемую эпоху это был мюзик-холл.

[5] **coroner** — коронер, чиновник, проводивший первичное расследование в случаях внезапной смерти.

VI

C. 160

[1] **Lady Arthur** — после замужества женщина приобретала имя и титул мужа. К жене лорда Артура теперь нужно было обращаться именно так.

Activities

The Canterville Ghost

Chapter I

1. **Напишите транскрипции следующих слов и выучите их.**

   ghost, dowager, pigeon, punctilious, circumstance, consequence, valuation, successive, guardians, lithe, fawn, Tudor, salary, Achilles, christened

2. **Заполните таблицу в соответствии с правилами чтения окончаний.**

   recovered, fainted, answered, asked, raced, ceased, called, started, reached, signified, aged, proposed, burnished, paneled, waited, exclaimed, cried, smiled

[t]	[d]	[ɪd]

3. **Замените русские слова и выражения английскими.**

   1. Her eldest son, christened Washington by parents in a moment of patriotism, *о чем он никогда не переставал жалеть*, was a fair-haired, good-looking young man.
   2. Young Duke of Cheshire *тут же сделал ей предложение*, and was sent back to Eton that very night *своими опекунами*.

3. *Если вы не возражаете против* a ghost in the house, it's all right. Only you must remember I warned you.
4. She had a magnificent *телосложение*, and a really wonderful amount of animal spirits.
5. *Мне совершенно не нужны* blood-stains in a sitting-room. It must be removed at once.
6. Pinkerton's Champion Stain Remover and Paragon Detergent will clean it up *в мгновение ока*.

4. Заполните пропуски артиклями там, где это необходимо.

1. Every one told him he was doing __very foolish thing, as there was no __ doubt at all that __ place was haunted.
2. 'My lord,' answered the Minister, 'I will take __ furniture and __ ghost at __ valuation.'
3. There is no such thing as __ ghost, and I guess __ laws of __ Nature are not going to be suspended for __ British aristocracy.
4. Standing on __ steps to receive them was __ old woman, neatly dressed in __ black silk, with __ white cap and apron.
5. Suddenly Mrs Otis caught __ sight of __ dull red stain on __ floor just by __ fireplace.
6. As __ Canterville Chase is seven miles from __ Ascot, __ nearest railway station, Mr Otis had telegraphed for __ waggonette to meet them, and they started on their drive in __ high spirits.

5. Переведите предложения в косвенную речь.

1. I fear that the ghost exists. (Lord Canterville)
2. I knew Pinkerton would do it. (Washington)
3. What can we do with a woman who faints? (Mrs Otis)
4. It is the blood of Lady Eleanore de Canterville, who was murdered on that very spot by her own husband. (Mrs Umney)
5. His body has never been discovered, but his guilty spirit still haunts the Chase. (Mrs Umney)

6. I have always been of opinion that emigration is the only thing for England. (Mr Otis)
7. She won't faint after that. (Mr Otis)

6. Составьте письмо, которое могли бы написать о своем новом приобретении мистер или миссис Отис.

Chapter II

1. Напишите транскрипции следующих слов и выучите их.

phial, hominy, antique, efficacious, phosphorescent, fiercely, psychical, occurred, aspect, oblong, chamber, knave, egotism, divine, superiority

2. Заполните таблицу в соответствии с тем, как читаются окончания множественного числа.

ghosts, means, footsteps, garments, chains, houses, testimonials, bones, diamonds, bedrooms, performances, ninepins, pillows

[s]	[z]	[ɪz]

3. Соедините словосочетания с их определениями и заполните пропуски в предложениях.

1) to wake up	a) to make smb stay in bed (because of illness)
2) to allude to	b) to have to, to be bound to
3) to come back	c) to demand smth with great determination
4) to be obliged to	d) to refer to (smb/smth)

5) to insist on	e) to open with sharp movement (usually a door or a window)
6) to fling open	f) to start to wear
7) to put on	g) to return
8) to confine to bed	h) to stop sleeping and get awake
9) to break off	i) to remember again and again
10) to go over	j) to stop a relation or an engagement

1. No mention at all was made of the supernatural, nor was Sir Simon de Canterville _______ in any way.
2. All his great achievements ____ to him again, from the butler who had shot himself in the pantry, to the beautiful Lady Statfield, who always ________ wear black velvet band round her throat to hide the marks of five fingers burnt upon her white skin.
3. A door was _______, two little white-robed figures appeared, and a large pillow whizzed past his head.
4. He _____________ his slippers, took a small oblong phial out of his dressing-case, and opened the door.
5. He thought of old Madame de Tremouillac, who, having __________ one morning and seen a skeleton seated in an armchair by the fire reading her diary, had been _______ with an attack of brain fever and, on her recovery, had _______ her connection with that notorious sceptic Monsieur de Voltaire.
6. I really must ______ your oiling those chains, and have brought you for that purpose a small bottle of the Tammany Rising Sun Lubricator.
7. With the enthusiastic egotism of the true artist he ______ his most celebrated performances.

4. Вставьте недостающие буквы.

effica_ious *(эффективный)*, mart_r *(мученик)*, ach__-vement *(достижение)*, cho_e *(давиться)*, _ nave *(валет)*, recon_ile *(примирять)*, o_k *(дуб)*

5. **Раскройте скобки, используя подходящую форму глагола.**

   1. Mr Otis *(to begin)* to suspect that he *(to be)* too dogmatic in his denial of the existence of ghosts.
   2. The subjects discussed, as I since *(to learn)* from Mr. Otis, *(to be)* merely such as from the ordinary conversation of cultured Americans.
   3. He *(to think)* of the Dowager Duchess, whom he *(to frighten)* into a fit as she *(to stand)* before the glass in her lace and diamonds.
   4. He *(to think)* of the rector of the parish, whose candle he *(to blow)* out as he *(to come)* late one night from the library, and who *(to be)* under the care of Sir William Gull ever since.
   5. I *(not to think)* it can be the fault of the Paragon Detergent, for I *(to try)* it with everything.

6. **Подберите антонимы к словам и словосочетаниям.**

   in no way________________________

   advantage________________________

   vanish________________________

   blow out________________________

   wake up________________________

Chapter III

1. **Напишите транскрипции следующих слов и выучите их.**

   gibber, wrist, loathe, falchion, chameleon, vermillion, extinguishing, accuracy, abject, nightmare, lead, seize, vigil, phraseology, azure

2. **Разбейте слова на группы в соответствии с правилами чтения буквосочетания *ea*.**

   feather, appearance, breakfast, great, weather, means, forehead, ear, teach, stealthily, each, dead, gleam, lean, homestead

3. Исправьте все ошибки в объявлении, написанном близнецами.

YE OTIS GHOSTE. Ye Onlie True and Originale Spook. Beware of Ye Imitationes. All Others Are Counterfeite.

4. Расставьте во фразах смысловые акценты, перестроив их с помощью конструкции *it is... that.* **Подберите для каждой как можно больше вариантов.**

Пример: It was he who was in the habit of removing the famous Canterville blood-stain.

1. The second appearance of the ghost was on Sunday night.
2. The only person who did not enter into the joke was little Virginia.
3. The ghost started up with a wild shriek of rage.
4. By taking great care of himself, he recovered, and resolved to make a third attempt to frighten the United States Minister and his family.
5. He was to make his way quietly to Washington Otis's room.
6. She has never insulted him in any way, and was pretty and gentle.
7. He laughed a long, low, bitter laugh, and waited.

5. Заполните пропуски предлогами.

1. I don't think it is __ all polite to throw pillows __ him.
2. He bore Washington a special grudge, being quite aware that it was he who was __ the habit __ removing the Canterville blood-stain, __ means of Pinkerton's Paragon Detergent.
3. ___ regard ___ little Virginia, he had not quite made __ his mind.
4. The ghost glared __ her __ fury, and began __ once to make preparations __ turning himself __ a large black dog.
5. He accordingly laughed his most horrible laugh, till the old vaulted roof rang and rang again, but hardly had the fear-

ful echo died ___ when a door opened, and Mrs Otis came ___ __ a light blue dressing-gown.

6. But no sooner had he done so, than, __ a piteous wail __ terror, he fell __, and hid his blanched face __ his long, bony hands.

6. Заполните таблицу недостающими формами глаголов.

meet		
		hidden
	burst	
bear		
sleep		
	fled	
shake		shaken

Chapter IV

1. Напишите транскрипции следующих слов и выучите их.

humiliated, insolent, draughts, invalid, apothecary, sensuous, phenomena, either, afterwards, unmolested, disguise, phantom, theatrical, scientific, guinea, colonel, double

2. Заполните пробелы словами и словосочетаниями из рамки.

in case	lay in wait	evident
under the circumstances	took to	
on account of	in spite of	

1. On reaching the room occupied by the twins, which I should mention was called the Blue Bed Chamber, ____________ the colour of its hangings, he found the door just ajar.
2. He contented himself with creeping about the passages in list slippers, with a small arquebuse, __________ he should be attacked by the twins.
3. The twins _________ for him on several occasions.
4. Still, ___________ everything, he was not left unmolested.

5. It was quite _______ that his feelings were so wounded that he would not appear.
6. The twins ________ lacrosse, euchre, poker and other American national games.
7. Seized with a panic, that, ______________, was only natural, he rushed for the staircase.

3. Соедините слова и словосочетания с их определениями.

1) to content oneself	a) paint for one's face used by actors and women
2) out of respect to	b) to wear smth, to be dressed in particular colour or garment
3) to be clad in	c) slightly open
4) ajar	d) to have smth as a highpoint
5) make-up	e) to get satisfied with smth
6) to culminate in	f) trying not to offend smb

4. Вставьте недостающие буквы.

dec__ved *(обманутый)*, d__ble *(двойной)*, c_rc_mstan_e *(обстоятельство)*, di_e *(кости)*, des_end *(спускаться)*, p__rcing *(вглядывающийся)*, shr__ks *(крики)*, s__ze *(хватать)*, s_ringe *(шприц)*, __antom *(призрак)*

5. Заполните таблицу недостающими формами глаголов.

keep		
	gave	
wear		
		left
bring		
	broke	
creep		
find		
hear		

6. Расскажите об основных событиях главы от лица близнецов.

Chapter V

1. Напишите транскрипции следующих слов и выучите их.

meadow, surprise, melancholy, forlorn, wicked, curiosity, nightingale, almond, tapestry, lizard, piece, earth, Chinese, dishonesty

2. Заполните таблицы в соответствии с правилами чтения

a) буквы c

fancy, concern, caught, ancestor, nice, magnificent, cookery, abstract, case, include, custom, mercy, peace, cavern, prophecy, voice

[k]	[s]

b) буквы a

footfall, ancestor, always, candle, baby, grave, barren, almond, angel, falter, tapestry, cavalier, chamber, fade, attitude, navy, manner, behave, gravity

[æ]	[eɪ]	[ɔː]

c) буквы i

quick, lizard, window, pity, library, indigo, withered, sigh, whisper, glide, swiftly, mist, nightingale, ridiculous, arrive

[aɪ]	[ɪ]

3. **Раскройте скобки, используя правильную форму глагола.**

1. I *(not to sleep)* for three hundred years, and I *(to be)* so tired.
2. I never *(to tell)* on you, though I was very much *(to annoy)*.
3. Finally I *(to have)* nothing left but indigo and Chinese white, and *(can)* only do moonlight scenes, which *(to be)* always depressing to look at.
4. She *(to feel)* as if she *(to be)* in a terrible dream.
5. No, thank you, I never *(to eat)* anything now.
6. If you *(to be)* sweet, and good, and gentle, the Angel of Death *(to have)* mercy on me.

4. **Соедините слова и словосочетания с их определениями.**

1) to tell on smb	a) to be very popular
2) to be aware of	b) to dominate, to overpower
3) to be a success	c) questionable point fully depending on personal preferences
4) nowadays	d) to forgive smb
5) matter of taste	e) to complain about smb doing smth
6) to have mercy on smb	f) at present
7) prevail	g) to understand smth clearly

5. **Заполните пропуски.**

a) *Much, many* или *lots/a lot of*?

1. You are _____ nicer than the rest of your horrid, rude, vulgar, dishonest family.
2. I know _______of people there who would give a hundred thousand dollars to have a grandfather, and _____ more than that to have a ghost.

3. So forlorn, and so ____ out of repair did he look, that little Virginia was filled with pity.

b) *As* или *like*?

1. ___ she was running past the Tapestry Chamber, she fancied she saw some one inside.
2. She felt ___ if she was in a terrible dream.
3. His fingers were __ cold __ ice, and his lips burned ___ fire, but Virginia did not falter.

6. Подберите синонимы к следующим словам и словосочетаниям.

spirit___________________________

for instance_____________________

venture_________________________

weep____________________________

immense________________________

melancholy______________________

Chapter VI

1. Заполните таблицу в соответствии с правилами чтения

a) буквы x

explain, anxiety, next, except, exist, execute

[ks]	[gz]

b) буквы g

get, garden, gypsy, agitated, gate, Virginia, engage, grave, gaze, begin, tragedy

[g]	[dʒ]

2. Вычеркните слово, которое читается иначе, чем остальные.

fool groom doom blood

whose disclose rose suppose

kind find wind behind

low below allow

3. Соедините части составных слов и словосочетаний.

dinning	tower
heart	joke
dead	room
clock	tired
practical	broken

4. Заполните пропуски в таблице.

глагол	существительное
to be anxious	
to camp	
to amaze	
to disappear	
to die	
to strike	
to entreat	
to kiss	

5. Соедините слова и словосочетания с их определениями.

1) scapegrace
2) bother it
3) practical joke
4) footman
5) to be in the habit of doing smth
6) to be out of one's mind
7) in spite of

a) an exclamation meaning you don't care about smth
b) to use to do smth
c) a mischievous child or young man
d) to be crazy (usually not literally)
e) a trick played to make the others laugh on smb's expense
f) without taking smth into account
g) male servant whose duties were to wait at table, open the doors and run errands

6. Заполните пропуски предлогами.

1. "I'm awfully sorry, Mr. Otis," gasped __ the boy, "but I can't eat any dinner __ long __ Virginia is lost. Please, don't be angry __ me."
2. Mr. Otis __ once insisted __ her having something to eat, and ordered up supper __ the whole party.
3. They had been quite distressed __ hearing __ Virginia's disappearance, as they were very grateful __ Mr. Otis __ having allowed them to camp __ his park.
4. Imbedded __ the wall was a huge iron ring, and chained __ it was a gaunt skeleton, that was stretched __ __ full length __ the stone floor, and seemed to be trying to grasp __ its long fleshless fingers an old-fashioned trencher and ewer.
5. The little Duke __ Cheshire, who was perfectly frantic __ anxiety, begged hard to be allowed to go too, but Mr. Otis would not allow him.
6. __ arriving __ the spot, however, he found that the gypsies had gone.

Chapter VII

1. Напишите транскрипции следующих слов и выучите их.

leaden, funeral, mourner, ostrich, moustache, memento, Venetian, superb, consequently, surprised, fallen, involuntary, tombstone, murmur, suburb, luxury, authority, gaud

2. Замените русские слова и выражения английскими.

1. They were perfectly magnificent, especially a *некое* ruby necklace with old Venetian setting, which was really a superb *образец* of sixteenth-century work.
2. *В этих обстоятельствах*, Lord Canterville, I feel sure that you will recognize how impossible it would be for me to allow them to remain in the possession of any member of my family.
3. Mr. Otis had an interview with him *на тему* the jewels the ghost had given to Virginia.
4. Lord Canterville listened very gravely to the worthy Minister's speech, pulling his grey moustache *то и дело* to hide an *невольный* smile.
5. I believe that if I were heartless enough to take them from her, the wicked old fellow would be out of his grave in a *две недели*, leading me *«веселая» жизнь*.
6. It is quite clear to me that these jewels are, or should be, *фамильные реликвии* in your family.

3. Образуйте

а) прилагательные от следующих существительных.

luxury__________________________
anxiety _________________________
courage__________________________
value___________________________

b) существительные от следующих прилагательных.

long ______________________

broad ______________________

pleasant______________________

idle ______________________

4. Впишите в слова недостающие буквы.

s_mpathy *(сочувствие)*, mousta__e *(усы)*, s_burb *(пригород)*, ni__tingale *(соловей)*, spe_im_n *(образец)*, h__rloom *(фамильная ценность)*, mar__ioness *(маркиза)*, servi_e *(служба)*, __sle *(проход)*

5. Вставьте артикли там, где это необходимо.

1. Mr. Otis was __ good deal distressed at __ Lord Canterville's refusal, and begged him to reconsider his decision, but __ good-natured peer was quite firm.
2. Mr. Otis was extremely fond of __ young Duke personally, but, theoretically, he objected to __ titles, and, to use his own words, "was not without __ apprehension lest, amid __ enervating influences of __ pleasure-loving aristocracy, __ true principles of __ Republican simplicity should be forgotten."
3. __ moon came out from behind __ cloud, and flooded with its silent silver __ little churchyard, and from __ distant copse __ nightingale began to sing.
4. Virginia is very anxious that you should allow her to retain __ box, as __ memento of your unfortunate but misguided ancestor.
5. Lord Canterville was __ chief mourner, having come up specially from Wales to attend __ funeral, and sat in __ first carriage along with __little Virginia.
6. Virginia, __ wife should have no secrets from her husband.

6. Перескажите историю от лица герцога Чеширского.

Lord Arthur Savile's Crime

Chapter I

1. Напишите транскрипции следующих слов и выучите их.

scientific, duchess, sceptic, virtuoso, psychological, cheiromantist, tortoise, psychic, bow, castle, admirably, luxurious, conscious, anxious, wrist, awkwardly, guinea

2. Заполните таблицу в соответствии с тем, как читаются окончания глаголов.

disguised, looked, asked, disappointed, relieved, continued, developed, declined, exposed, encouraged, seized, twitched, remained, forced

[t]	[d]	[ɪd]

3. Заполните пропуски предлогами.

1. ___ the end of the picture-gallery stood the Princess Sophia ___ Carlsrühe, a heavy Tartar-looking lady, ___ tiny black eyes and wonderful emeralds, talking bad French ___ the top of her voice, and laughing immoderately ___ everything that was said ___ her.
2. It is all written ___ ___my little finger, or ___ the palm ___ my hand.
3. I remember last season asking a most dreadful conspirator ___dinner, a man who had blown ___ever so many people, and always wore a coat ___mail, and carried a dagger up his shirt-sleeve.
4. I suppose she had better have a black silk __ her; it always does ___ church, you know.
5. All this time Lord Arthur Savile had remained standing ___ the fireplace, ___ the same feeling ___ dread ___ him.
6. He smiled sadly ___ his sister, as she swept ___ him ___ Lord Plymdale's arm.

4. Соедините устойчивые выражения с их определениями.

1) in stars and ribands	a) at least, anyway
2) at any rate	b) wearing orders and insignia
3) at a moment's notice	c) without any success in doing smth
4) at once	d) a bit archaic
5) to fail to do smth	e) self-control
6) sang-froid	f) having no time to prepare
7) out of fashion	g) very sincere
8) straightforward	h) immediately

5. Подберите синонимы к следующим словам и выражениям.

cram with______________________
in fact________________________
fascination____________________
after all______________________
fate___________________________
jest___________________________

6. Расскажите о вечере у леди Уиндермир от лица:

a) самой хозяйки
b) герцогини Пэйсли
c) Артура Сэвиля

Chapter II

1. Напишите транскрипции следующих слов и выучите их.

blood, forehead, brow, casual, incoherent, reward, medium, wretched, nonchalant, tomb, fiery, giant, fascinate

2. **Заполните таблицу в соответствии с тем, как читается окончание множественного числа.**

eyes, lips, roofs, houses, dreams, oaths, lamps, trousers, letters, birds, faces, whips, screams, joys, streets, voices, petals, masses

[s]	[z]	[ɪz]

3. **Соедините слово с его переводом.**

a)

start	трясти(сь)
shake	поежиться, передернуться
tremble	передернуться
shudder	дрожать
shiver	вздрогнуть

b)

walk	уверенно шагать
stroll	идти
stride	идти, прогуливаться

4. **Заполните пропуски артиклями там, где это необходимо.**

1. On and on he went, almost with ___ gait of ___ drunken man.
2. From ___ dark courtyard came ___ sound of ___ oaths and blows, followed by shrill screams.
3. And yet it was not ___ mystery, but ___ comedy of ___ suffering that struck him.
4. Outside ___ little walled-in house stood ___ solitary hansom, ___ driver asleep inside.

5. Perhaps, ___ some day, ___ his own name might be placarded on ___ walls of London.
6. ___ thought made him sick with ___ horror.

5. Подберите синонимы к следующим словам и выражениям.

brow______________________________
misery____________________________
iteration__________________________
bend______________________________
oath______________________________
desolate__________________________

6. Используя предлоги в рамке, образуйте фразовые глаголы со следующими значениями.

by, round, in (2), over, out

break		рассветать
look		искать, оглядываться
call		окликать, перекликаться
go		проходить мимо
come		охватывать
set		случаться, начинаться (о неприятном)

Chapter III

1. Напишите транскрипции следующих слов и выучите их.

transparent, touch, exquisite, divan, scales, conscious, repugnance, undoubtedly, triumph, issue, fortunately, fierce, poison, lionize, actuate, rheumatic, conservatory, Venice

2. Заполните таблицу в соответствии с тем, на какой слог падает ударение в следующих словах.

onyx, transparent, valet, dominate, insignificant, attitude, ardently, recognize, conscientious, hesitation, monetary, paragraph, scandal, deferential, sympathetic

1-й	2-й	3-й

3. Раскройте скобки, используя правильную форму глагола.

1. He *(to get)* up and *(to look)* out of the window. A dim haze of heat *(to hang)* over the great city, and the roofs of the houses *(to be)* like dull silver.
2. After he *(to drink)* it, he *(to draw)* aside a heavy portière of peach coloured plush, and *(to pass)* into the bathroom.
3. He *(to feel)* that to *(to marry)* her, with the doom of murder hanging over his head, *(to be)* a betrayal like that of Judas, a sin worse than any the Borgia ever *(to dream)* of.
4. To Lord Arthur it *(to come)* early in life — before his nature *(to be spoiled)* by the calculating cynicism of middle-age and he *(to feel)* no hesitation about doing his duty.
5. The wild, turbid feelings of the previous night by this time completely *(to pass)* away, and it *(to be)* almost with a sense of shame that he *(to look)* back upon his mad wanderings from street to street.

4. Заполните пропуски словами и выражениями из рамки.

in favour of	rant and rave	the sooner the better
at all costs	carry out	sooner or later

1. What happiness could there be for them, when at any moment he might be called upon to _____ the awful prophecy written in his hand?
2. He wondered how he could have been so foolish as to _______ about the inevitable.
3. The marriage must be postponed, _______.
4. ________ we are all called upon to decide on the same issue — of us all, the same question is asked.
5. He decided __________ Lady Clementina Beauchamp, a dear old lady who lived in Curzon Street, and was his own second cousin by his mother's side.
6. But done it must be first; and _______ for both.

5. Соедините слова и словосочетания с их антонимами.

1) finely	a) commonplace
2) common sense	b) reckless
3) exquisite	c) to agree
4) fate	d) indiscretion
5) to object	e) rudely
6) conscientious	f) luck

6. Составьте письмо, которое леди Клементина могла бы написать о визите Артура.

Chapter IV

1. Напишите транскрипции следующих слов и выучите их.

yacht, obituary, proprietor, buoyant, apparently, miniature, coincidence, anxiety, quaint, solicitor, buried, heartburn, esprit

2. **Замените русские слова и выражения английскими.**

 1. Lady Clementina had died a natural death *в конце-то концов!*
 2. Sybil, *ради которой* he had gone through all that terrible anxiety, should have been the first to remind him of it.
 3. He often regretted that he had prevented her taking the aconitine when she had been *так горела энтузиазмом* to try its effect.
 4. Lord Arthur *сперва* refused absolutely to come, but Surbiton, of whom he was extremely fond, *в конце концов* persuaded him.
 5. Lord Arthur snatched them out of his hand, and *вскрыл их*.
 6. *Несмотря на* Surbiton's remonstrances, he came back to Venice *поездом*.

3. **Переведите предложения в косвенную речь.**

 1. I had no notion that Lady Clementina liked sweets. (Sybil)
 2. What have you found, Sybil? (Lord Arthur)
 3. Lady Clementina had died quite suddenly on the night of the 17th! (telegram)
 4. What do you mean? (Lord Arthur)

4. **Составьте фразовые глаголы с указанным значением.**

come		возвращаться
tear		вскрывать (бумаги)
go		пережить, пройти через (испытание)
bring		вернуть

5. **Вставьте недостающие буквы.**

con__ousness *((о)сознание)*, disa__ointed *(разочарованный)*, b_ried *(похороненный)*, rec__ved *(полученный)*, neckla_e *(ожерелье)*, co_st *(побережье)*

6. **Составьте 10 вопросов к тексту, которые помогут при его пересказе.**

Chapter V

1. Напишите транскрипции к следующим словам и выучите их.

tsar, purpose, Nihilist, count, cul-de-sac, laundry, hydra, wearisome, advisability, prejudice, governor, destined, boudoir, gingham, pedestal, Geneva, misshapen, sergeant, suicide, circles, treatise, deceased

2. Заполните пропуски, используя слова и словосочетания из рамки.

in vain	relying on	shrugged	on hand
as follows	caught sight	to the present day	

1. Lord Arthur rushed out of the club with the paper still in his hand, to the immense amazement of the hall-porter, who tried _____ to stop him.
2. Once he thought that he ______ of the bulky misshapen figure striking out for the staircase by the bridge.
3. Lord Arthur seized the letter from her hand. It ran ______:
4. I have a great deal of important work _____ for some friends of mine in Moscow.
5. Herr Winckelkopf _____ his shoulders, and left the room.
6. The English detectives are really our best friends, and I have always found that by _____ their stupidity, we can do exactly what we like.
7. The Dean was extremely fond of clocks, and had a wonderful collection of timepieces, ranging from the fifteenth century _______.

3. Подберите синонимы к следующим словам и выражениям.

wedding______________________________

postpone_____________________________

waver_______________________________

purpose____________________________

treatise____________________________

long *(v)*__________________________

4. Соедините слова и выражения с их определениями.

1) to take place	a) to make a decision
2) good deal	b) to explode
3) to break off	c) to be obliged to do smth
4) to be bound to do smth	d) for no pay
5) free of charge	e) to end a relationship, an engagement
6) to go off	f) to happen
7) to make up one's mind	g) greatly, a lot of

5. Заполните пропуски предлогами.

1. He accordingly looked again ___ the list ___ his friends and relatives, and, ___ careful consideration, determined to blow ___ his uncle, the Dean of Chichester.
2. So you are taking ___ politics seriously?
3. Even if they succeed __ passing the Custom House, the train service is so irregular, that they usually go __ before they have reached their proper destination.
4. 'I assure you,' said Lord Arthur, 'that it has nothing to do ___ the police __ all. __ fact, the clock is intended __ the Dean of Chichester.'
5. Papa put it __ the mantelpiece __ the library, and we were all sitting there __ Friday morning.
6. __ a moment he had seized Mr. Podgers __ the legs, and flung him __ the Thames.

6. Перескажите историю с часами от лица

a) декана Чичестерского

b) герра Винкелькопфа.

Chapter VI

1. Напишите транскрипции к следующим словам и выучите их.

romance, Chichester, violet, couple, impostor, bridegroom, telepathy

2. Переведите предложения в косвенную речь.

1. ‘My dear Lord Arthur, what do you owe to it?’ (Lady Windermere)
2. ‘I have no time to be happy, Sybil.’ (Lady Windermere)
3. ‘You mustn’t say anything against cheiromancy here, Lady Windermere.’ (Sybil)
4. ‘Ask him, Lady Windermere.’ (Sybil)
5. ‘Are you happy, Sybil?’(Lady Windermere)

3. Заполните пропуски артиклями там, где это необходимо.

1. ___ service was read in __ most impressive manner by __ Dean of Chichester, and everybody agreed that they had never seen __ handsomer couple than __ bride and bridegroom.
2. Some years afterwards, when __ two beautiful children had been born to them, Lady Windermere came down on __ visit to __Alton Priory, __ lovely old place, that had been the Duke’s wedding present to his son.
3. It is __ only subject that Arthur does not like __ people to chaff about.
4. Lord Arthur came up __ garden with __ large bunch of yellow roses in his hand, and his two children dancing round him.
5. I owe to it all __ happiness of my life.

4. Расскажите о событиях, произошедших в жизни лорда Артура после известия о смерти хироманта.

English-Russian Vocabulary

Список
принятых обозначений и сокращений

a — adjective — прилагательное
adv — adverb — наречие
conj — conjunction — союз
n — noun — существительное
pl — plural — множественное число
prep — preposition — предлог
v — verb — глагол

A

accident ['æksɪdənt] *n* несчастный случай

accordingly [ə'kɔːdɪŋli] *adv* соответственно

acquire [ə'kwaɪə] *v* добиться

actuate ['æktʃuˌeɪt] *v* приводить в движение

acute [ə'kjuːt] *a* острый

advantage [əd'vɑːntɪdʒ] *n* преимущество; выгода

affably ['æfəbli] *adv* дружелюбно, раскованно

agony ['ægəni] *n* боль, мука

allow [ə'laʊ] *v* позволять

almond ['ɑːmənd] *n* миндаль

amazement [ə'meɪzmənt] *n* изумление

ambassador [æm'bæsədə] *n* посол

amber ['æmbə] *n* янтарь

amount [ə'maʊnt] *n* количество

ancestor ['ænsestə(r)] *n* предок

appreciate [ə'priːʃiˌeɪt] *v* (о)ценить

apt [æpt] *a* склонный; годный

(coat of) arms ['kəʊt əv ˌɑːmz] *n* герб

as soon as как только

as though как будто

astonish [ə'stɒnɪʃ] *v* поражать, потрясать

attempt [ə'tempt] *n* попытка

attorney [ə'tɜːni] *n* адвокат

aversion [ə'vɜːʃn] *n* неприязнь

(a)wake [ə'weɪk] ((a)wakened; (a)woke, (a)woken) *v* проснуться, просыпаться

awkwardly ['ɔːkwədli] *adv* неловко

azure ['æʒə] *a* лазурь

B

bead [biːd] *n* бусина

beforehand [bɪ'fɔːhænd] *adv* заранее

bend [bend] (bent, bent) *v* изгибать(ся), наклонять(ся)

bet [bet] *n* ставка *v* делать ставки

betrayal [bɪ'treɪəl] *n* предательство

between [bɪ'twiːn] *prep* между

bill [bɪl] *n* счет

billy-cock hat ['bɪli kɒk hæt] *n* котелок *(шляпа)*

bishop ['bɪʃəp] *n* епископ

blind [blaɪnd] *a* слепой

blossom ['blɒsəm] *n* цветение, цвет *v* цвести

blush [blʌʃ] *n* румянец (от стыда, смущения) *v* краснеть

bonnet ['bɒnɪt] *n* шляпка

bound (to) [baʊnd] *a* обязанный *(сделать что-л.)*

bow [baʊ] *n* поклон *v* кланяться, кивать

brow [braʊ] *n* лоб

buck [bʌk] *n* олень

bunch [bʌntʃ] *n* букет

burden ['bɜːdən] *n* бремя

bury ['beri] *v* хоронить

butler ['bʌtlə] *n* дворецкий

C

carpenter ['kɑːpɪntə] *n* плотник

casket ['kɑːskɪt] *n* шкатулка

castle ['kɑːsl] *n* замок

chimney ['tʃɪmni] *n* печная труба

chisel ['tʃɪzəl] *n* резец *v* вырезать из камня, дерева

choke [tʃəʊk] *v* давиться

chubby ['tʃʌbi] *a* пухлый

chuckle ['tʃʌkəl] *n* смешок *v* посмеиваться

churchyard ['tʃɜːtʃjɑːd] *n* кладбище

clergyman ['klɜːdʒiˌmæn] *n* священник

coarse [kɔːs] *a* грубый; хриплый

coat of mail ['kəʊt əv ˌmeɪl] *n* кольчуга

coffin ['kɒfɪn] *n* гроб

coincidence [kəʊ'ɪnsɪdəns] *n* совпадение

commit [kə'mɪt] *v* совершать *(преступление)*

conscientious [ˌkɒnʃi'enʃəs] *a* упорный

consciousness ['kɒnʃəsnəs] *n* (о)сознание

conservatory [kən'sɜːvətəri] *n* оранжерея

console [kən'səʊl] *v* утешать

conspirator [kən'spɪrətə] *n* заговорщик

constitution [ˌkɒnstɪ'tjuːʃn] *n* телосложение

convent ['kɒnvənt] *n* монастырь

couple ['kʌpl] *n* пара

cram (with) [kræm] *v* набивать, заталкивать *(куда-л.)*

crowd [kraʊd] *n* толпа *v* толпиться, заполняться

cuff [kʌf] *n* манжета

cul-de-sac ['kʌl də ˌsæk] *n* тупик

cure [kjʊə] *n* лекарство *v* лечить

curiosity [ˌkjʊəri'ɒsəti] *n* любопытство; редкость, диковинка

custom ['kʌstəm] *n* традиция; таможня

D

dagger ['dægə] *n* кинжал

dean [diːn] *n* декан (*рел.* и *обр.*)

decline [dɪ'klaɪn] *v* вежливо отказывать(ся)

delay [dɪ'leɪ] *n* откладывание, проволочка *v* откладывать

denial [dɪ'naɪəl] *n* отрицание

derive (from) [dɪ'raɪv] *v* получать

decease [dɪ'siːs] *n* кончина

desolate ['desələt] *a* одинокий, безлюдный; унылый

destination [ˌdestɪ'neɪʃn] *n* направление; пункт назначения

destiny ['destəni] *n* судьба

dew [djuː] *n* роса

diamonds ['daɪəməndz] *n* бубны (*карт.*)

dice [daɪs] *n* кости (игра)

dim [dɪm] *a* смутный, тусклый *v* приглушить

directory [də'rekt(ə)ri] *n* адресный справочник, телефонная книга

disguise [dɪs'gaɪz] *n* маскировка, прикрытие *v* маскировать(ся); скрывать

disinherit [ˌdɪsɪn'herɪt] *v* лишить наследства

distinct [dɪ'stɪŋkt] *a* отчетливый

dome [dəʊm] *n* купол

doom [duːm] *n* рок, судьба

doubt [daʊt] *n* сомнение *v* сомневаться

draught [drɑːft] *n* сквозняк

dressing-gown ['dresɪŋ gaʊn] *n* халат

drop [drɒp] *v* ронять

duchess ['dʌtʃɪs] *n* герцогиня

duke [djuːk] *n* герцог

Dutch [dʌtʃ] *a* голландский

E

Easter ['iːstə(r)] *n* Пасха

embassy ['embəsi] *n* посольство

emerald ['em(ə)rəld] *n* изумруд

encourage [ɪn'kʌrɪdʒ] *v* поощрять, подбадривать

entertain [ˌentə(r)'teɪn] *v* развлекать

esprit [e'spriː] *n* жизнерадостность

exaggerate [ɪg'zædʒəreɪt] *v* преувеличивать

expose [ɪk'spəʊz] *v* раскрывать

F

faction ['fækʃən] *n* группировка

fail [feɪl] *v* провалиться, потерпеть неудачу

faint [feɪnt] *v* падать в обморок *a* слабый

falter ['fɔːltə] *v* дрогнуть, заколебаться; запнуться

fan [fæn] *n* веер

fascination [ˌfæsɪ'neɪʃn] *n* очарование

feather ['feðə] *n* перо

fellow ['feləʊ] *n* молодой человек; член какого-л. общества или учреждения

fender ['fendə] *n* каминный экран

fever ['fiːvə] *n* жар, лихорадка

fit [fɪt] *n* припадок, приступ *a* годный

flash [flæʃ] *n* вспышка *v* осенить, промелькнуть

flatter ['flætə] *v* льстить

fling [flɪŋ] (flung, flung) *v* бросать(ся)

flung *p.p.* от fling

foolhardy ['fuːlˌhaːdi] *a* беспечный, легкомысленный

forehead ['fɒrɪd] *n* лоб

forget-me-not [fə'get miː ˌnɒt] *n* незабудка

forlorn [fə'lɔːn] *a* заброшенный

fortnight ['fɔːtnaɪt] *n* две недели

fortune ['fɔːtʃən] *n* удача; судьба; состояние (*фин.*)

funeral ['fjuːnərəl] *n* похороны

fuss [fʌs] *n* суета

G

gingham ['gɪŋəm] *n* плотная хлопковая ткань в клетку

glide [glaɪd] *v* плыть, проплывать

glimmer ['glɪmə] *n* мерцание *v* мерцать

glove [glʌv] *n* перчатка

gorgeous ['gɔːdʒəs] *a* очень красивый; потрясающий

gout [gaʊt] *n* подагра

governor ['gʌvənə] *n* правитель; губернатор

grave [greɪv] *n* могила *a* серьезный

gypsy ['dʒɪpsi] *n* цыган(ка)

H

handsome ['hænsəm] *a* красивый

hardly ['haːdli] *adv* едва ли

haunt [hɔːnt] *v* неотступно преследовать; населять (о призраках)

heartburn ['haːtˌbɜːn] *n* изжога

heirloom ['eəˌluːm] *n* фамильная драгоценность

hesitation [ˌhezɪ'teɪʃn] *n* колебание

hideous ['hɪdiəs] *a* отвратительный

housemaid ['haʊsˌmeɪd] *n* горничная

howl [haʊl] *n* вой *v* выть

humiliate [hjuːˈmɪlieɪt] *v* унижать

hunger [ˈhʌŋgə] *n* голод

I

impostor [ɪmˈpɒstə] *n* самозванец

indigestion [ˌɪndɪˈdʒestʃn] *n* несварение (желудка)

indignation [ˌɪndɪgˈneɪʃn] *n* негодование

indiscretion [ˌɪndɪˈskreʃn] *n* неблагоразумие, безрассудство

induce [ɪnˈdjuːs] *v* вызывать (что-л.); убеждать

inevitable [ɪnˈevɪtəbl] *a* неизбежный

inquire [ɪnˈkwaɪə] *v* выяснять, расспрашивать

in spite of несмотря на

insist (on) [ɪnˈsɪst] *v* настаивать

insolent [ˈɪnsələnt] *a* дерзкий

insouciant [ɪnˈsuːsiənt] *a* беззаботный

intention [ɪnˈtenʃn] *n* намерение

introduce [ˌɪntrəˈdjuːs] *v* представить (кого-л. кому-л.)

in vain тщетно

involuntary [ɪnˈvɒləntəri] *a* невольный

irresolution [ɪˌrezəˈluːʃn] *n* нерешительность

ivory [ˈaɪvəri] *n* слоновая кость *a* слоновой кости

J

jaw [dʒɔː] *n* челюсть

jest [dʒest] *n* шутка *v* шутить

K

knave [neɪv] *n* валет

L

lantern [ˈlæntən] *n* фонарь

laundry [ˈlɔːndri] *n* прачечная

lead [led] *n* свинец

lean [liːn] (leaned/lent) *v* опираться, облокачиваться

linen [ˈlɪnɪn] *n* белье

little finger [ˈlɪtl ˈfɪŋgə] *n* мизинец

loathe [ləʊð] *v* ненавидеть, испытывать отвращение

long [lɒŋ] *v* желать, стремиться к

M

mantelpiece [ˈmæntlˌpiːs] *n* каминная полка

mar [mɑː] *v* пятнать

marble [ˈmɑːbl] *n* мрамор

martyr [ˈmɑːtə(r)] *n* мученик

meadow [ˈmedəʊ] *n* луг

mean [miːn] (meant, meant) *v* подразумевать, иметь в виду

medley [ˈmedli] *n* смешение

menagerie [məˈnædʒəri] *n* зверинец

milliner [ˈmɪlɪnə(r)] *n* шляпник, шляпница

mind [maɪnd] *v* возражать

misshapen [mɪs'ʃeɪpən] *a* искаженный, искривленный

mock [mɒk] *v* насмехаться

moue [muː] *n* кислая гримаска

molest [mə'lest] *v* мешать, докучать

moustache [mə'stɑːʃ] *n* усы

murder ['mɜːdə] *n* убийство *v* убивать

murmur ['mɜːmə] *n* шепот, шелест *v* бормотать

mutual ['mjuːtʃuəl] *a* взаимный

N

napkin ['næpkɪn] *n* салфетка

necklace ['nekləs] *n* ожерелье

nightingale ['naɪtɪŋgeɪl] *n* соловей

nod [nɒd] *n* кивок

noon [nuːn] *n* полдень

O

oath [əʊθ] *n* клятва; ругательство *v* клясться; ругаться

object (to) [əb'dʒekt] *v* возражать

obituary [ə'bɪtʃuəri] *n* некролог

oblige [ə'blaɪdʒ] *v* обязывать

P

pagan ['peɪgən] *n* язычник *a* языческий

pale [peɪl] *a* бледный

parish ['pærɪʃ] *n* церковный приход

parlour ['pɑːlə] *n* гостиная, приемная

pique [piːk] *n* легкая обида *v* задеть, оскорбить

poison ['pɔɪzən] *n* яд *v* отравить

postpone [pəʊs'pəʊn] *v* откладывать

powder ['paʊdə] *n* порошок; пудра; порох

practical joke ['præktɪkl dʒəʊk] *n* розыгрыш

pray [preɪ] *v* молиться *adv* прошу вас

prejudice ['predʒʊdɪs] *n* предубеждение

primrose ['prɪmrəʊz] *n* примула

prophecy ['prɒfəsi] *n* пророчество

psychic ['saɪkɪk] *a* сверхъестественный

punctilious [pʌŋk'tɪliəs] *a* щепетильный

puppet ['pʌpɪt] *n* марионетка

puzzle ['pʌzl] *v* озадачить

Q

quaint [kweɪnt] *a* необычный, оригинальный

R

rabies ['reɪbiːz] *n* бешенство (*мед.*)

raven ['reɪvən] *n* ворон

reason ['riːzən] *n* причина; разум

reckon ['rekən] *v* думать, полагать

recognize ['rekəgnaɪz] *v* узнать (в лицо)

reduction [rɪ'dʌkʃn] *n* скидка

regret [rɪ'gret] *n* сожаление *v* сожалеть

relative ['relətɪv] *n* родственник

rely (on) [rɪ'laɪ] *v* полагаться

remonstrance [rɪ'mɒnstrəns] *n* резкие возражения, жалобы

ruff [rʌf] *n* жабо

repugnance [rɪ'pʌgnəns] *n* отвращение

require [rɪ'kwaɪə(r)] *v* требовать

reserved [rɪ'zɜː(r)vd] *a* сдержанный

resist [rɪ'zɪst] *v* противостоять

riband ['rɪbənd] *n* лента

ridiculous [rɪ'dɪkjʊləs] *a* смешной

S

sacrifice ['sækrɪfaɪs] *n* жертва *v* жертвовать (чем-л.)

salary ['sæləri] *n* жалованье

sang-froid [ˌsɒŋ 'frwɑː] *n* хладнокровие

sank *past* от sink

scientific [ˌsaɪən'tɪfɪk] *a* научный

scold [skəʊld] *v* отчитывать

seize [siːz] *v* хватать

series ['sɪəriːz] *n* (*pl* series) ряд, серия, череда

sermon ['sɜːmən] *n* проповедь

sheaf [ʃiːf] *n* кипа, куча (бумаг)

shipwreck ['ʃɪpˌrek] *n* кораблекрушение

shook *past* от shake

shoulder blade ['ʃəʊldə bleɪd] *n* лопатка (*анат.*)

shrug [ʃrʌg] *v* пожимать плечами

shudder ['ʃʌdə] *n* дрожь, трепет

shy [ʃaɪ] *a* застенчивый, робкий

sin [sɪn] *n* грех

sink [sɪŋk] *v* тонуть; рухнуть

sincerity [sɪn'serəti] *n* искренность

sleeve [sliːv] *n* рукав

slippers ['slɪpəz] *n* матерчатые тапочки

snatch [snætʃ] *v* выхватывать

sombre ['sɒmbə] *a* темный, глухой (цвет); унылый

sound [saʊnd] *n* звук *v* звучать *a* крепкий, прочный

spectacles ['spektək(ə)lz] *n pl* очки

split [splɪt] (split, split) *v* разлить

stables ['steɪb(ə)l] *n* конюшня

stain [steɪn] *n* пятно *v* пачкать, пятнать

stained-glass [ˌsteɪnd 'glɑːs] *n* витраж

starch [stɑː(r)tʃ] *n* крахмал *v* крахмалить

start [stɑː(r)t] *v* начинать; вздрагивать

starve [stɑː(r)v] *v* голодать; морить голодом

steal [stiːl] (stole, stolen) *v* красть(ся)

Stock Exchange *n* биржа

stole *p.p.* от steal

stout [staʊt] *a* полный; крепкий, сильный

stove [stəʊv] *n* печь, плита

straw [strɔː] *n* солома

stride [straɪd] (strode, stridden) *v* уверенно шагать

strode *p.p.* от stride

stroll [strəʊl] *n* прогулка *v* прогуливаться

study ['stʌdi] *n* этюд, исследование

succeed (in) [sək'siːd] *v* преуспеть

suffer ['sʌfə(r)] *v* страдать; терпеть, выносить, позволять

suppose [sə'pəʊz] *v* (пред) полагать

suspect [sə'spekt] *v* подозревать ['sʌspəkt] *n* подозреваемый

swallow ['swɒləʊ] *v* глотать

swish [swɪʃ] *v* хлестнуть

sympathy ['sɪmpəθi] *n* сочувствие

T

tank [tæŋk] *n* резервуар

tear [tɪə] *n* слеза [teə] (tore, torn) *v* рвать

tempt [tempt] *v* искушать

tender ['tendə] *a* нежный

thumb [θʌm] *n* большой палец (руки)

tomb [tuːm] *n* склеп

tore *past* от tear

trace [treɪs] *n* след

tremble ['trembl] *v* дрожать

twice [twaɪs] *adv* дважды

twins [twɪnz] *n* близнецы

U

unpalatable [ʌn'pælətəb(ə)l] *a* неприятный; невкусный

V

valet ['vælɪt] *n* камердинер

vengeance ['vendʒəns] *n* месть

victim ['vɪktɪm] *n* жертва (преступления и т.д.)

violet ['vaɪələt] *n* фиалка *a* фиолетовый

W

wail [weɪl] *n* вопль, рев *v* вопить

waistcoat ['weɪs(t)ˌkəʊt] *n* жилет

warn [wɔːn] *v* предостерегать

waver ['weɪvə] *v* колебаться

wear [weə] (wore, worn) *v* носить

weary ['wɪəri] *a* усталый; утомительный

weave [wiːv] *v* (wove, woven) плести, вплетать, сплетать

weep [wiːp] *v* плакать

wig [wɪg] *n* парик

will [wɪl] *n* воля; завещание *v* желать

wire ['waɪə] *n* проволока; телеграмма *v* телеграфировать

wit [wɪt] *n* ум, остроумие

worn *p.p.* от wear

wound [wuːnd] *n* рана *v* ранить

woven *p.p.* от weave

wreck [rek] *n* развалина *v* разрушить

wring [rɪŋ] (wrung) *v* ломать руки

wrist [rɪst] *n* запястье

wrung *past* и *p.p.* от wring

Учебное издание

БИЛИНГВА. СЛУШАЕМ, ЧИТАЕМ, ПОНИМАЕМ

Оскар Уайльд

КЕНТЕРВИЛЬСКОЕ ПРИВИДЕНИЕ
ПРЕСТУПЛЕНИЕ ЛОРДА АРТУРА СЭВИЛЯ

(орыс тілінде)

Ответственный редактор *Н. Уварова*
Редактор *Е. Вьюницкая*
Младший редактор *Н. Шестопалова*
Художественный редактор *Ю. Щербаков*
Технические редакторы *О. Лёвкин, Л. Зотова*
Компьютерная верстка *М. Лазуткина*
Корректор *Т. Бородоченкова*

ООО «Издательство «Эксмо»
123308, Москва, ул. Зорге, д. 1. Тел. 8 (495) 411-68-86, 8 (495) 956-39-21.
Home page: **www.eksmo.ru** E-mail: **info@eksmo.ru**

Өндіруші: «ЭКСМО» АҚБ Баспасы, 123308, Мәскеу, Ресей, Зорге көшесі, 1 үй.
Тел. 8 (495) 411-68-86, 8 (495) 956-39-21
Home page: www.eksmo.ru E-mail: info@eksmo.ru.
Тауар белгісі: «Эксмо»
Қазақстан Республикасында дистрибьютор және өнім бойынша
арыз-талаптарды қабылдаушының
өкілі «РДЦ-Алматы» ЖШС, Алматы қ., Домбровский көш., 3«а», литер Б, офис 1.
Тел.: 8 (727) 2 51 59 89,90,91,92, факс: 8 (727) 251 58 12 вн. 107; E-mail: RDC-Almaty@eksmo.kz
Өнімнің жарамдылық мерзімі шектелмеген.
Сертификация туралы ақпарат сайтта: www.eksmo.ru/certification

Өндірген мемлекет: Ресей
Сертификация қарастырылмаған

Сведения о подтверждении соответствия издания согласно законодательству РФ
о техническом регулировании можно получить по адресу:
http://eksmo.ru/certification/

Подписано в печать 11.10.2013. Формат 60x90 $^{1}/_{16}$.
Гарнитура «Школьная». Печать офсетная. Усл. печ. л. 13,0.
Тираж 3000 экз. Заказ № 4674/13
Отпечатано в соответствии с предоставленными материалами
в ООО «ИПК Парето-Принт», г. Тверь, www.pareto-print.ru

ISBN 978-5-699-55741-7

9 785699 557417 >

Оптовая торговля книгами «Эксмо»:
ООО «ТД «Эксмо». 142700, Московская обл., Ленинский р-н, г. Видное,
Белокаменное ш., д. 1, многоканальный тел. 411-50-74.
E-mail: **reception@eksmo-sale.ru**

По вопросам приобретения книг «Эксмо» зарубежными оптовыми покупателями *обращаться в отдел зарубежных продаж ТД «Эксмо»*
E-mail: **international@eksmo-sale.ru**

International Sales: International wholesale customers should contact Foreign Sales Department of Trading House «Eksmo» for their orders.
international@eksmo-sale.ru

По вопросам заказа книг корпоративным клиентам, в том числе в специальном оформлении, *обращаться по тел. +7 (495) 411-68-59, доб. 2261, 1257.*
E-mail: **vipzakaz@eksmo.ru**

Оптовая торговля бумажно-беловыми и канцелярскими товарами для школы и офиса «Канц-Эксмо»:
Компания «Канц-Эксмо»: 142702, Московская обл., Ленинский р-н, г. Видное-2,
Белокаменное ш., д. 1, а/я 5. Тел./факс +7 (495) 745-28-87 (многоканальный).
e-mail: **kanc@eksmo-sale.ru**, сайт: www.**kanc-eksmo.ru**

Полный ассортимент книг издательства «Эксмо» для оптовых покупателей:
В Санкт-Петербурге: ООО СЗКО, пр-т Обуховской Обороны, д. 84Е.
Тел. (812) 365-46-03/04.
В Нижнем Новгороде: ООО ТД «Эксмо НН», 603094, г. Нижний Новгород,
ул. Карпинского, д. 29, бизнес-парк «Грин Плаза». Тел. (831) 216-15-91 (92, 93, 94).
В Ростове-на-Дону: ООО «РДЦ-Ростов», пр. Стачки, 243А. Тел. (863) 220-19-34.
В Самаре: ООО «РДЦ-Самара», пр-т Кирова, д. 75/1, литера «Е». Тел. (846) 269-66-70.
В Екатеринбурге: ООО «РДЦ-Екатеринбург», ул. Прибалтийская, д. 24а.
Тел. +7 (343) 272-72-01/02/03/04/05/06/07/08.
В Новосибирске: ООО «РДЦ-Новосибирск», Комбинатский пер., д. 3.
Тел. +7 (383) 289-91-42. E-mail: **eksmo-nsk@yandex.ru**
В Киеве: ООО «РДЦ Эксмо-Украина», Московский пр-т, д. 9. Тел./факс: (044) 495-79-80/81.
В Донецке: ул. Артема, д. 160. Тел. +38 (032) 381-81-05.
В Харькове: ул. Гвардейцев Железнодорожников, д. 8. Тел. +38 (057) 724-11-56.
Во Львове: ТП ООО «Эксмо-Запад», ул. Бузкова, д. 2. Тел./факс (032) 245-00-19.
В Симферополе: ООО «Эксмо-Крым», ул. Киевская, д. 153.
Тел./факс (0652) 22-90-03, 54-32-99.
В Казахстане: ТОО «РДЦ-Алматы», ул. Домбровского, д. 3а.
Тел./факс (727) 251-59-90/91. **rdc-almaty@mail.ru**

Полный ассортимент продукции издательства «Эксмо»
можно приобрести в магазинах «Новый книжный» и «Читай-город».
Телефон единой справочной: 8 (800) 444-8-444. Звонок по России бесплатный.

Интернет-магазин ООО «Издательство «Эксмо»
www.fiction.eksmo.ru
Розничная продажа книг с доставкой по всему миру.
Тел.: +7 (495) 745-89-14. E-mail: **imarket@eksmo-sale.ru**